리더를 키우는
생각의 힘

차이를 만드는 사고법

리더를 키우는
생각의 힘

이학영 지음

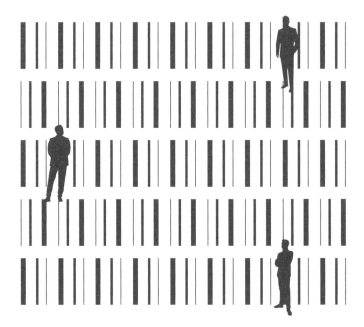

한국경제신문

"세상에는 무한한 게 두 가지 있다. 하나는 우주, 다른 하나는 인간의 무지(無知)다." 천재 물리학자 앨버트 아인슈타인이 한 얘기입니다. 그는 이런 말도 했습니다. "너 자신의 무지를 절대로 과소평가하지 말라."

그런데 무엇이 '무지'일까요. '안다는 것'은 또 무엇일까요. 이렇게 따져 들어가면 선뜻 답을 내놓기가 쉽지 않습니다. '아는 게 많은 사람'을 가리키는 영어 표현에는 두 가지가 있습니다. 하나는 'book-smart(책으로 배운 지식이 많은)'이고, 다른 하나는 'street-smart(세상 이치를 잘 아는)'입니다. 우리가 세상을 살아가는 데 더 절실한 것은 두 번째 '앎'입니다.

남들이 무심코 지나친 것에서 의미를 건져 올리고, 도무지 앞이 보이지 않는 역경을 딛고 길을 열어나가는 사람들의 공통점으로 '생각의 힘'이 강하다는 게 꼽힙니다. 주어진 상황을 극복해나가는 데 필요한 '앎'은 그냥 주어지지 않습니다. 치열하고 철저한 사유와 성찰, 통찰력이 필요합니다. 그런 '생각의 힘'으로 먼저 자신을 바꾸고, 자기가 몸담은 조직은 물론 세상을 변화시키는 사람들의 이야기는 감동적입니다.

제가 〈한국경제신문〉 편집국장으로 재직하던 시절 집필하기 시작한 '이학영의 뉴스레터'는 그런 이야기만을 독자들과 따로 나누기 위해서였습니다. 매주 에세이 형식의 이메일로 작성하기 시작한 게 어느새 300회를 앞두고 있습니다. 그 가운데 일부를 추려 책으로 펴내게 됐습니다. 독자님들의 일상에 조금이라도 도움이 되기를 설레는 마음으로 기대합니다.

2020년 5월
남산을 마주보는 중림동 집필실에서

시작하는 글   —— 004

CHAPTER 1   탁월한 성과를 부르는 리더십

01   사람들은 왜 '좋은 회사'를 그만둘까   —— 014

02   리더에게는 소심함이 축복이다   —— 017

03   미움 받을 용기가 필요한 순간   —— 020

04   군주는 가고 군중이 왔다   —— 023

05   사람의 마음을 얻는 방법   —— 026

06   때로는 약한 모습을 드러내라   —— 029

07   대통령의 리더십, 유머 감각   —— 032

08   나는 리더의 그릇을 가졌는가   —— 035

09   미 해병대의 일곱 가지 리더십 전략   —— 038

10   예측은 누구나 한다   —— 042

11   리더가 내야 할 용기   —— 045

12   책임질 사람이 판단하게 하라   —— 048

13   귀신을 쫓아내는 확실한 방법   —— 051

14   방탄소년단의 에토스와 파토스   —— 054

15   직원들에게 정답을 제공하지 말라   —— 057

16   "자네는 왜 이 일을 하는 거지?"   —— 060

17   지도자가 갖춰야 할 '겸손'의 의미   —— 063

CHAPTER 2   앞서가는 조직을 만드는 변화 관리

01 사람들이 하루에 60번 이상 하는 일 ——— 068

02 프랑스어를 통달하는 새로운 방법 ——— 071

03 불확실성, 피할 수 없다면 길들여라 ——— 074

04 손정의는 어떻게 혁신의 아이콘이 됐나 ——— 077

05 실패를 보물로 만드는 방법 ——— 080

06 귀를 열고 침묵의 소리를 들어라 ——— 083

07 진화한 디테일의 기적 ——— 086

08 왜 독학이 필요한가 ——— 089

09 경영은 지휘이자 작곡이다 ——— 092

10 후지필름에 무슨 일이 일어났나 ——— 095

11 인기(人氣)가 아니라 인망(人望)이다 ——— 098

12 좋은 이익이 주는 선물 ——— 101

13 당연한 것을 당연하게, 마법은 없다 ——— 104

14 투명하게 개방하라, 극단적으로 ——— 107

15 강풍이 불 때 강한 풀을 안다 ——— 110

16 천재 예술가가 빚에 시달린 이유 ——— 113

17 우리 조직의 영혼은 무엇인가 ——— 116

18 넷플릭스 돌풍의 비결, '제1 원칙 사고' ——— 119

19 기본이 충실한 회사는 무너지지 않는다 ——— 122

20 아마존 신화 일군 비결, '후회 최소화 법칙' ——— 125

CHAPTER 3   **올바른 판단을 이끄는 생각법**

01   남을 제대로 알고 있는가 —— 130

02   '반대'가 안겨주는 큰 선물 —— 133

03   우리는 왜 잘못된 의사결정을 하는가 —— 136

04   개척자에게 필요한 것 —— 139

05   그들은 왜 헛똑똑이가 되는가 —— 142

06   제사장과 레위인은 왜 그랬을까? —— 145

07   지금 시작하라, 완벽해지는 것은 다음이다 —— 148

08   나는 얼마나 근시인가 —— 151

09   시간을 가장 헛되이 쓰는 방법 —— 154

10   무의식은 우리를 어떻게 지배하는가 —— 157

11   왜 같은 실수를 반복하는가 —— 160

12   진실은 경합한다 —— 163

13   돈 제대로 쓰는 법 —— 166

14   성공적으로 '멍 때리는' 일곱 가지 방법 —— 169

15   독창성이 먼저일까, 모방이 먼저일까 —— 172

16   잔재주는 집어치우고, 진실을 고수하라 —— 175

17   천재를 바보로 내모는 평균의 함정 —— 178

18   케네디는 왜 미국 최악의 참사를 저질렀나 —— 181

CHAPTER 4 　　　　　　　CEO가 알아야 할 시대의 교양

01 　훌륭한 매너란 무엇인가 —— 186

02 　우리는 왜 웃는가 —— 189

03 　삶을 희극처럼 생각한다면 —— 192

04 　언어에 속지 말고, 몸짓을 관찰하라 —— 195

05 　긍정 바이러스의 힘 —— 198

06 　허약하니까 인간이다 —— 201

07 　철학이 없는 전문가는 위험하다 —— 204

08 　윔블던에 새겨진 시 구절 —— 206

09 　김구가 이봉창을 겉모습으로 판단했다면 —— 209

10 　때로는 복수가 필요하다 —— 212

11 　이길 수 없다면 함께 가라 —— 215

12 　곤충은 위대하다 —— 217

13 　아마추어 인간들의 세 가지 문제점 —— 220

14 　'대통령'의 잘못된 탄생 —— 223

CHAPTER 5 스스로 성장하는 리더의 자기관리

01 '딱 한 번만'이라는 덫 —— 228

02 어설픈 말로 위로하지 말라 —— 231

03 왜 논쟁하지 않고 싸우는가 —— 234

04 게으름 퇴치법 —— 237

05 행운을 바라지 말고, 무시하라 —— 240

06 더 적게, 대신 더 철저하게 —— 243

07 확실하지 않은 말은 꺼내지 말라 —— 246

08 아침에 눈을 뜨는 이유 —— 249

09 사람들은 어떻게 설득되는가 —— 252

10 사람은 일을 통해 성장한다 —— 255

11 어떤 최선을 다하고 있는가 —— 258

12 그만두는 것도, 계속하는 것도 습관이다 —— 261

13 써보라, 쓰는 대로 된다 —— 264

14 운은 버스와 같다 —— 267

15 말이 일으키는 기적 —— 270

16 '열정'에 대한 착각 —— 273

17 하루의 3분의 1을 제대로 쓰는 법 —— 276

18 스타 애널리스트들이 왜 몰락했나 —— 279

19 내 '관계의 품격'은 몇 점인가?   —— 282

20 경쟁했다고 적이 돼야 하는 건 아니다   —— 284

21 '고독한 천재'는 없다   —— 287

22 피카소와 샤넬이 버리고 나서 얻은 것   —— 290

23 남들과 똑같이 일하고도 왜 인정받지 못하는 걸까   —— 293

24 무례함의 비용   —— 296

25 성격 급한 사람이 누리는 축복   —— 299

26 옵션 A의 삶, 옵션 B의 삶   —— 302

27 인생에서 가장 중요한 질문들   —— 305

맺는 글   —— 308

CHAPTER

1

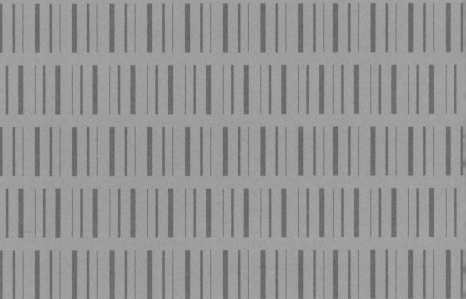

탁월한 성과를
부르는 리더십

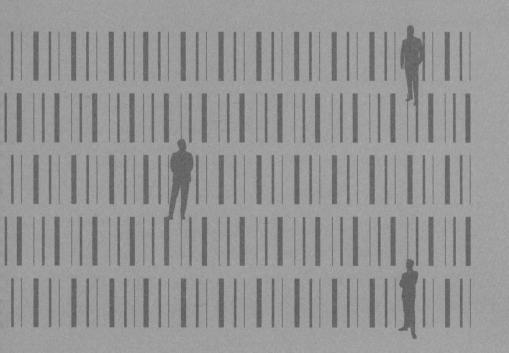

01

사람들은 왜 '좋은 회사'를 그만둘까

수많은 직장인이 매일 회사에 출근해서 일하고 있는데, 진짜로 업무에 몰입하는 사람은 몇 명이나 될까요? 미국 ADP연구소가 19개국 2만여 명의 직장인을 대상으로 조사한 결과, 100명 중 15명만 업무에 몰입하는 것으로 나타났습니다. 나머지 85명은 왜 일에 최선을 다하지 않을까요? 무엇이 그들의 의욕을 꺾고 몰입을 방해하는 걸까요? 성과를 내는 사람과 그렇지 못한 사람은 무엇이 다른 걸까요?

인적자원 및 성과관리 전문가인 마커스 버킹엄(Marcus Bucking-ham)과 애슐리 구달(Ashley Goodall)의 연구 결과에 따르면, 직원들의 업무 몰입에 가장 큰 영향을 미치는 것은 회사 전체가 아니라 소속한 팀의 환경이라고 합니다. 직원들은 기업 자체보다 자신이 속한 팀을 더 중시한다는 사실도 드러났습니다. 팀 리더를 신뢰한 다고 답한 직원의 업무 집중도는 그렇지 않은 경우보다 무려 12배 높게 나타났습니다.

사람들이 어떤 곳에서 더는 일하지 않겠다고 마음먹을 때, 그 '어떤 곳' 역시 회사가 아니라 팀이라고 합니다. 즉, 사람들은 회사가 아니라 팀을 떠난다는 뜻입니다. 나쁜 회사의 좋은 팀에 있는 사람은 오래 버티지만, 좋은 회사의 나쁜 팀에 있으면 떠날 마음을 먹게 된다는 겁니다. 미국 정보통신회사 시스코는 직원들의 팀 만족도가 회사 전체의 상위 50퍼센트에서 하위 50퍼센트로 낮아질 때, 이직 가능성이 45퍼센트 증가한다는 연구 결과를 내놓았습니다.

팀의 리더가 직원들의 업무 몰입과 성과 향상에 얼마나 결정적인 역할을 하는지 보여주는 일화가 있습니다. 실리콘 밸리가 막 형성되던 시기, 어느 스타트업의 팀 리더가 겪은 일입니다. 경험 많은 엔지니어에게 갓 입사한 사원의 '사수' 역할을 맡겼다고 해요. 그런데 얼마 안 가 그 사수가 팀 리더를 찾아와서 말하길, 신입사원이 건방지고 발끈하는 성격이어서 같이 일하기가 어렵다는 거예요. 그러면서 그를 해고하라고 강력히 요청했다고 합니다. 팀 리더는 신입사원을 얼마간 관찰해본 후 전혀 다른 해법을 내놓았습니다. 경험 많은 엔지니어와 신입사원이 서로 교대로 업무를 처리하게 한 것입니다. 같은 시간에 사무실에 있지 않고 각자가 자기 일을 하게 한 거죠. 그 신입사원이 바로 스티브 잡스이고, 그 회사는 비디오 게임 회사 아타리였습니다. 그곳에서 잡스는 야간근무를 하며 회사에 큰 기여를 했죠.

일을 잘하는 사람들에게는 한 가지 공통점이 있습니다. 의미 없는 피드백, 끼워 맞추기식 성과평가, 아무 도움이 안 되는 전략 등 '일을 만드는 일'에 얽매이지 않는다는 것입니다. 이런 것들은 일의 본질이 아니기 때문입니다. 버킹엄과 구달은 이렇게 묻습니다.

"당신은 일할 때 '왜'를 묻는가, '무엇'을 묻는가? 당신의 회사는 '목표'를 주는가, '의미'를 주는가? 당신은 '계획'이 중요한가, '정보'가 중요한가?"

마커스 버킹엄 · 애슐리 구달, 이영래 옮김, 《일에 관한 9가지 거짓말》(쌤앤파커스, 2019)

리더에게는 소심함이 축복이다

'훌륭한 리더'라고 하면 머릿속에 어떤 이미지가 떠오르나요? 리더는 흔히 주위를 압도하는 카리스마를 내뿜고, 보통 사람이 시도할 수 없는 일을 담대하게 해내는 '비범한 인물'이라고 생각하기 쉽습니다. 하지만 브리지스톤을 세계 최대 타이어회사로 일궈낸 아라카와 쇼시(荒川詔四) 전 회장은 전혀 그렇지 않다고 말합니다.

"대담하기만 한 리더를 조심해야 한다. 사려 깊지 못해 앞뒤를 살피지 않고 '에라 모르겠다!' 하며 중대한 결정을 내리는 리더는 조직을 위험에 빠뜨릴 가능성이 크다."

아라카와는 오히려 소심한 사람이 더 훌륭한 리더가 될 수 있다고 주장합니다. 많은 리더를 관찰한 결과, 소심한 사람들 중엔 섬세한 성향을 지닌 이가 많았다는 게 그 주장의 근거입니다. 이런 사람들은 세부 사항까지 빠뜨리지 않고 머릿속에 새겨두고, 겁도 많아서 일어날 만한 모든 위기에 대비해 사전 준비를 철저히 하기 마련입니다. 이처럼 리더가 섬세할수록 조직원의 공감을 바탕으로 일을 추진하고, 그래서 큰 힘을 발휘할 수 있다는 의미입니다.

리더가 우선 명심해야 할 것은 회사라는 조직은 게마인샤프트(Gemeinschaft: 가족, 촌락 등 감정적 결합을 기반으로 한 집단)가 아닌 게젤샤프트(Gesellschaft: 목적 달성을 위해 작위적으로 형성된 집단)라는 사실입니다. 감정적인 결합을 토대로 모인 집단이 아니기 때문에 리더는 개인적 호불호에 좌우되지 않고 모두에게 공평해야 합니다. 모든 구성원이 가치 있는 존재이고, 자존심이 있는 한 인간임을 인정하고 존중해야 하죠.

그래서 리더는 '말'에 주의를 기울여야 합니다. 리더의 말에 조직의 흥망성쇠가 달려 있기 때문입니다. 리더가 명확한 방침과 전략을 전달하고 팀원의 사기를 높이는 말을 한다면 그 조직은 발전할 것입니다. 반면 가르치겠다는 생각으로 팀원을 지배하고자 하고 자발성을 꺾는다면 그 조직은 쇠락할 것입니다. 존중하는 마음을 가지고, 지도가 아니라 지원을 하며, 일방적 전달이 아니라 진심으로 공감한다면 그 사람이야말로 유능한 리더입니다. 카리스마가 아니라 세심함으로 조직을 잘 이끌어가는 리더인 거죠.

아라카와는 특히 마음가짐을 강조합니다. 강해 보이지만 막상 위기가 닥치면 다른 사람 탓만 하는 사람보다 태생적으로 뻔뻔하

지 못하고 부끄러움을 참지 못하는 섬세한 사람이 훌륭한 리더가
될 수 있다고 말입니다.

아라카와 쇼시, 우다혜 옮김, 《소심해도 리더 잘할 수 있습니다》(위즈덤하우스, 2019)

미움 받을 용기가 필요한 순간

화려한 스펙에 평판도 좋은 팀원을 영입했습니다. 그는 성격이 좋고 배려심도 깊어 어디를 가든 분위기를 띄웠습니다. 하지만 업무 처리가 더뎠고 결과도 엉망이었습니다. 팀장은 잘못을 지적하는 대신 그의 부족한 점을 직접 보완했습니다. 그러나 마냥 그렇게 할 수는 없었습니다. 결국 해고를 통보했는데, 팀원은 이렇게 말했습니다.

"왜 진작 말씀하지 않으셨죠? 제가 잘못하고 있다고."

킴 스콧(Kim Scott) 애플대학교 교수의 '상사학(上司學)'이 주목받는 이유입니다. 대부분 직장인은 팀장으로 승진한 후 생각지 못했던 문제와 마주하고 당황하게 됩니다. 상사로서 팀원을 어떻게 대해야 할지 모르겠다고 생각하게 되죠. 업무 역량이 떨어지는 팀원에게 '지적질'을 하는 건 쉬운 일이 아닙니다. 다른 이의 마음에 상처를 주는 건 자신에게도 불편한 일이니까요. 팀원들이 자신을 '악덕 상사'로 여기길 바라는 사람은 아무도 없을 것입니다.

그러나 '자율'과 '방치'는 다릅니다. 관리자 역할을 맡았으면 어쩔 수 없이 힘든 말을 해야 합니다. 애플 창업자 스티브 잡스는 이런 말을 남겼습니다.

"직원을 위해 상사가 할 수 있는 가장 중요한 일은 업무를 제대로 처리하지 못할 때 정확하게 지적해주는 것이다. 투명하면서 분명하게 말해야 한다. 그래서 정상 궤도에 올려놓아야 한다. 물론 그건 대단히 어려운 일이다."

스콧은 관리자 역할을 잘하기 위해서는 두 가지 요소가 필요하다고 말합니다. 하나는 직원에게 자기 모습을 그대로 드러내고 마음을 여는 '개인적 관심(care personally)'이고, 다른 하나는 성과가 좋을 때나 나쁠 때나 직원에게 피드백을 전하는 노력, 즉 '직접적 대립(challenge directly)'입니다. 이 두 요소를 어떻게 실천하느냐에 따라 상사의 유형이 네 가지로 구별됩니다.

첫 번째는 두 요소를 다 실천하는 '완전한 솔직함'으로, 모든 상사가 지향해야 하는 유형입니다. 두 번째는 개인적 관심은 없이 지적만 하는 '불쾌한 공격형'입니다. 세 번째는 개인적 관심을 보여주되 불편한 지적은 하지 않는 '파괴적 공감형'입니다. 많은 관리자가 이 유형에 속하며, 이 때문에 조직의 성과 개선이 어려워집니다. 네 번째 유형은 관심도 없고, 해야 할 말도 하지 않는 '고의적 거짓형'입니다.

스콧은 완전한 솔직함이 불가능하다면, 불쾌한 공격이 차선책이 될 수 있다고 말합니다. 한마디로 상사에게는 '미움받을 용기'가 필요하다는 것입니다.

환경이 아무리 우호적이라고 하더라도, 팀장이라는 자리에 있는 이상 때로 외로움을 느낄 수밖에 없습니다. 혼자 모든 것을 판단하려 하지 않고 함께 논의하며, 명령을 내리기보다 설득하고, 아는 척하기보다 배우려는 자세를 보일 때 그 외로움은 줄어들 것입니다.

킴 스콧, 박세연 옮김, 《실리콘밸리의 팀장들》(청림출판, 2019)

04

군주는 가고 군중이 왔다

'각 분야의 공유할 만한 가치가 있는 생각'을 나누는 강연회인 테드(TED)가 시작된 건 1984년입니다. 기술(technology), 엔터테인먼트(entertainment), 디자인(design)의 앞글자를 딴 이름인데요, 이 연례행사에 참석해서 강연을 들으려면 많게는 2만 5,000달러의 참가비를 내야 합니다.

테드가 비약적으로 성장한 건 2000년대 초 영국 기업가 크리스 앤더슨(Chris Anderson)이 경영을 맡으면서부터였습니다. 앤더슨이 테드 강연을 온라인에 무료로 올리기로 했을 때, 그 '위험해 보이는 결단'에 내부 반발이 컸습니다. 무료로 공개하면 연례 콘퍼런스의 비싼 티켓이 안 팔릴 것이라는 우려 때문이었습니다.

하지만 앤더슨은 밀어붙였고, 결과는 놀라웠습니다. 2006년 9월

온라인 게시를 시작했는데 3개월 만에 조회 수가 100만 건을 넘은 것입니다. 요즘 테드 강연의 조회 수는 10억 단위입니다. 테드 브랜드의 인지도가 높아졌고, 그에 따라 콘퍼런스 티켓의 인기도 더 높아졌습니다. 테드를 지원하겠다는 기업들의 후원 문의도 줄을 이었습니다.

대성공을 거둔 비결은 '개방'이었습니다. 공개하고 공유할수록 강연의 가치는 더 높아졌습니다. 만약 테드가 오프라인에서 폐쇄적인 강연만 계속 고집했다면 지금과 같은 영향력을 얻을 수 있었을까요?

사회운동가인 제러미 하이먼즈(Jeremy Heimans)와 헨리 팀스(Henry Timms)는 테드를 '구권력'을 '신권력'으로 바꿔 성공한 대표적 사례로 꼽습니다. 하이먼즈와 팀스는 구권력의 작동 방식을 화폐에 비유합니다. 소수만 지니고 있고, 일단 쥐면 내놓지 않는다는 점에서 폐쇄적이고 상명하달식이라고 정리하죠. 신권력은 다릅니다. 다수가 만들어내며, 참여적이고, 동료 집단이 주도합니다. 그럼으로써 일정한 방향으로 흐를 수 있게 힘을 모아갑니다. 우버, 리프트, 에어비앤비, 유튜브, 페이스북은 신권력이 이끄는 변화의 방향을 제대로 읽어낸 기업들입니다. 참여를 갈망하는 이들의 에너지를 결집할 방법을 깨우친 기업들이기도 합니다.

기술 발전이 이끈 촘촘한 연결망이 신권력을 등장시켰고, 날개를 달아줬습니다. 한국이라는 작은 나라, 그것도 중소 기획사의

'흙수저 아이돌'이었던 방탄소년단(BTS)이 빌보드차트 1위에 오르는 돌풍을 일으킨 것 역시 신권력을 제대로 활용한 덕분입니다. 2015년께 유튜브 콘텐츠를 통해 진정성 있는 메시지가 확산됐고, SNS로 팬들과 소통하면서 해외에서부터 확고한 팬덤이 조직되고 하나로 연결된 것입니다.

시대를 관통하는 신권력은 단순히 눈에 보이는 기술이 아니라, 이를 기반으로 형성된 새로운 행동 방식과 문화에 성패가 달려 있습니다. 하이먼즈와 팀스는 이렇게 말합니다.

"미래 싸움의 승자는 결국 누가 더 사람을 많이 모으느냐로 결정된다. 주변 사람들의 에너지를 가장 잘 수렴하는 이가 성공한 지도자가 될 것이다."

제러미 하이먼즈 · 헨리 팀스, 홍지수 옮김, 《뉴파워》(비즈니스북스, 2019)

사람의 마음을 얻는 방법

"등나무 밑에 가면 하얀 담배꽁초가 / 이놈의 자식들 혼을 내야지만 막상 보면 천진한 얼굴 / 그들의 이야길 들어보면 참 안쓰러운 맘."

특성화고등학교인 아현산업정보학교의 방승호 교장이 작사한 노래 '노 타바코(No Tobacco)'의 일부입니다. 그는 흡연하는 학생들에게 담배를 끊으라고 훈계하는 대신, 쉬는 시간마다 학교 화장실과 매점 앞에서 기타를 치며 버스킹을 합니다.

방 교장은 학생들에게 수시로 "네 꿈은 뭐니?", "어떤 일을 할 때 마음이 개운하니?" 같은 질문을 던집니다. 학생들이 자기 적성을 찾아가는 일이 무엇보다 중요하다고 생각하기 때문입니다. 그런 그의 집무실은 상담을 하러 찾아오는 학생들로 늘 붐빕니다.

그가 처음부터 학생들과 잘 어울린 건 아니었답니다. 10년 전 교감으로 이 학교에 부임한 첫날, 술에 취해 등교하는 학생을 마주치고 '헐' 소리가 절로 나왔다고 합니다. 교실로 그냥 들여보낼 수가 없어 곁에 앉혀놓고 얘기를 하다 보니 자연스레 '교장실 상담'이라는 해법으로 이어졌답니다. 그 학생은 집안 형편 탓에 밤새 고깃집 아르바이트를 하는데 손님이 권한 술에 취하기도 한다고 말했습니다. 그렇지만 학교를 빠질 수 없어 피곤과 취기를 무릅쓰고 수업을 들으러 왔다고요. 그 얘기를 듣는 순간, 방 교장은 아이들을 대하는 태도가 달라졌습니다.

아현산업정보학교는 공부가 적성에 맞지 않는 서울 시내 200여 개 일반고등학교 학생들을 받아 3학년 1년 동안 미용, 음악, 요리 등 관심 분야의 직업교육을 해주는 곳입니다.

"우리 아이들은 지지받은 경험이 적습니다. 최소한 교장 한 명은 자기편이라는 믿음을 주고 싶습니다." 방 교장의 좌우명은 '선 뱅, 후 조치'랍니다. "목표를 동네방네 떠들고 다니면 거짓말쟁이가 되지 않기 위해서라도 실천하게 됩니다."

방 교장의 일화는 토머스 W. 맬나이트(Thomas W. Malnight) 하버드대학교 경영대학원 교수가 제시한 '리더의 덕목'을 떠올리게 합니다. 맬나이트는 '21세기형 리더는 조직 구성원의 내면에 있는 꿈과 성공, 특기, 열정을 깨워 실현되게 하는 존재'라고 말했습니다. 구성원에게 도전적인 업무를 부여하고 건설적인 피드백을 확실하게 하는 게 기본 원칙이라고 강조하면서, 그게 바로 사람을 얻는 방법이라고 밝혔습니다.

맬나이트는 사람을 얻으려면 다음과 같이 하라고 조언했습니다.

- 모르는 부분이 있다면 솔직히 인정하라.
- 누군가에게 어떤 식으로든 도움을 받았으면 고맙다고 꼭 얘기하라.
- 성과도 중요하지만 노력의 과정을 기억하라.
- 칭찬할 때는 반드시 미소를 지어라.

에이브러햄 링컨 전 미국 대통령도 이런 말을 남겼습니다.

"어떤 사람을 내 사람으로 만들려면 먼저 당신이 그의 진정한 친구임을 확인시켜야 한다."

토머스 맬나이트, 추해민 옮김, 《리더의 신기술》(젤리판다, 2019)

06

때로는 약한 모습을 드러내라

2020년 3월 잭 웰치 전 제너럴일렉트릭(GE) 회장이 세상을 떠났을 때 그의 삶을 회고하는 글이 전 세계 주요 언론에 실렸습니다. 그 중 영국 〈파이낸셜타임스〉와 일본 〈니혼게이자이신문〉에 실린 사설이 눈길을 끌었습니다. 〈파이낸셜타임스〉는 "웰치의 엇갈리는 유산은 시대가 바뀌었음을 보여준다"라는 제목을 달았고, 〈니혼게이자이신문〉은 "웰치 혁명이 남긴 것"을 제목으로 삼았습니다. 두 사설 모두 '스트롱맨'으로 불렸던 잭 웰치의 강한 리더십이 오늘의 관점에서는 극복해야 할 과제라고 봤습니다.

이는 경영 환경의 변화에 따라 리더십도 바뀌어야 함을 일깨워줍니다. 브레네 브라운(Brené Brown) 휴스턴대학교 교수는 수많은 기업 경영 리더십 사례를 연구한 결과를 이렇게 요약했습니다.

"실시간으로 쌍방향 소통이 가능해진 요즘엔 직원들과 터놓고 소통할 수 있는 진솔함이 리더십의 필수요건이다."

브라운은 취약성을 인정하는 것이 성공한 리더들의 공통점이었다고 밝혔습니다.

제프 폴저(Jeff Polzer) 하버드대학교 경영대학원 교수도 리더가 취약성을 인정할 때 오히려 조직 내 신뢰와 협력이 강화된다고 강조했습니다. 그는 이렇게 말했습니다.

"취약성이란 불확실성의 위험에 노출된 상황에서 우리가 경험하는 정서이자 개인의 약점, 실수, 실패 등을 포괄하는 개념이다."

리더가 취약성을 드러내면 직원들에게 인간적인 친밀감과 신뢰감을 느끼게 해서, 숨겨져 있던 문제점을 털어놓게 하는 계기를 만들 수 있습니다. 마크 J. 코스타(Mark J. Costa) 이스트만화학 CEO(최고경영자)는 CEO로서 느끼는 가장 큰 두려움이 회사의 사정을 제대로 알지 못하는 것이라고 했습니다. 그러면서 직원들이 솔직하게 보고하기를 원한다면 리더가 자신의 약한 모습을 드러내는 것이 먼저라고 강조했죠.

리더가 자신의 취약성을 드러낸다는 것은 직원들의 부족한 부분도 포용할 마음이 있음을 뜻합니다. 그에 따라 직원들은 리더가 자신을 비난하지 않을 것이라는 믿음을 갖게 되고, 질책받을까 두려워서 말하지 못하던 회사 내 비효율적인 관행이나 숨겨져 있던 문제들을 이야기할 수 있게 됩니다.

물론 리더가 취약성을 앞세워 모든 감정을 쏟아내서는 곤란합니다. 가장 좋은 방법은 취약성을 인정한 뒤 질문을 던지는 것이랍니다. 예를 들어 회사의 변화를 모색해야 하지만 방향이 분명하지 않은 시기에 처해 있다면, 그 상황과 걱정을 먼저 솔직하게 말하는 것입니다. 그리고 나서 "내가 어떻게 도와주면 되겠습니까?", "나와 함께 특별히 점검하고 싶은 문제가 있습니까?"라고 묻는다면 열린 소통이 시작됩니다.

리더가 모든 정답을 제시하던 시대는 지나갔습니다. 따라서 불확실한 세상을 직원들과 함께 헤쳐나가기를 원한다면 리더가 먼저 변해야 합니다. 자신이 처한 어려움을 인정하고 완벽주의라는 갑옷을 벗어 던질 때 리더십은 한층 더 강력해질 것입니다.

브레네 브라운, 강주헌 옮김, 《리더의 용기》(갤리온, 2019)

07

대통령의 리더십, 유머 감각

에이브러햄 링컨이 대통령으로 재직하던 당시 미국 정가에서는 인사 청탁이 대단했다고 합니다. 하루는 어떤 사람이 링컨 대통령을 찾아왔습니다. 관세청 책임자가 방금 숨졌다는 뉴스를 들었다면서 그의 자리를 달라는 것이었습니다. 이에 링컨이 말했습니다.

"장의사만 상관없다면 저는 괜찮습니다."

사망한 관세청 책임자의 현재 자리는 관 속이지요.

링컨은 장황한 연설로 소문난 사람을 이렇게 촌평하기도 했습니다.

"그는 내가 만난 이들 중에서 가장 간단한 생각을 말하는 데 가장 많은 단어를 욱여넣는 사람이다."

밥 돌(Bob Dole) 전 미국 상원의원은 링컨이 천성적으로 풍자에 재능이 있었다고 평합니다. 평소에는 의식적으로 통제하지만, 부지불식간에 그런 재능이 밖으로 튀어나오곤 했다고 하죠. 밥 돌은 저서 《위대한 대통령의 위트》에서 이렇게 말합니다.

"대통령의 리더십에는 통치력(backbone)에 버금가는 요소로 유머 감각(funny bone)이 요구된다. 가장 위대한 지도자들은 재기 넘치는 웃음을 구사할 뿐 아니라, 자신을 웃음거리로 만들 줄도 안다."

미국 현대 정치사의 산증인으로 불리는 밥 돌은 링컨, 프랭클린 루스벨트, 시어도어 루스벨트와 함께 로널드 레이건을 그런 지도자로 꼽았습니다. 이 중 레이건은 자신을 우스개로 삼게 하는 에피소드를 많이 생산했습니다.

한번은 레이건이 멕시코시티를 방문해 저명 인사들 앞에서 연설을 했습니다. 박수 소리가 드문드문 나왔을 뿐 청중의 반응은 시원치 않았습니다. 레이건에 이어 멕시코 정부 대표가 스페인어로 연설을 했는데 박수와 환호성이 끊이지 않았습니다. 레이건은 내심 부끄러웠지만 그 티를 내지 않으려고 함께 박수를 쳤습니다. 이때 멕시코 주재 미국 대사가 이렇게 귀띔했다고 합니다. "제가 대통령님이라면 박수 치지 않겠습니다. 연사가 지금 대통령님의 연설을 통역하고 있습니다."

밥 돌은 역대 미국 대통령들의 사례를 소개하면서 '세계에서 가장 스트레스가 많은 대통령직을 수행하는 데 웃음은 감정적인 안전밸브'라고 말했습니다. 촌철살인의 위트를 담은 미국 대통령들의 어록 몇 가지를 소개합니다.

- 나는 울면 안 되기 때문에 웃는다.   - 에이브러햄 링컨
- 가장 성공적인 정치가란 남들도 다 생각하는 것을 말하는 사람, 그것도 가장 큰 목소리로 말하는 사람이다.

        - 시어도어 루스벨트
- 지식인은 아는 것보다 더 많은 것을 이야기하기 위해 필요한 것보다 더 많은 말을 하는 사람이다. - 드와이트 아이젠하워
- 사람은 그가 사귀는 친구로 평가받는다는 말이 있다. 반대로 얘기하자면, 사람은 그가 만드는 적에 의해 평가받기도 한다.

        - 아이젠하워
- 한 사람이 공직을 향해 갈구하는 눈길을 보일 때마다 그의 행동에 부패가 시작된다.   - 토머스 제퍼슨

밥 돌, 김병찬 옮김, 《위대한 대통령의 위트》(아테네, 2018)

08

나는 리더의 그릇을 가졌는가

이나모리 가즈오는 교세라와 KDDI를 세계적인 기업으로 키워내 '경영의 신'으로 불리는 기업 영웅입니다. 2010년에는 80세를 눈앞에 두고 일본항공(JAL) 회장을 맡아 파산보호 신청이 되어 있던 회사를 되살림으로써 세상을 또 한 번 놀라게 했죠. 그는 자신에게 경영 철학을 배우고 싶다는 젊은 경영인들의 요청이 쏟아지자 경영 아카데미 세이와주쿠를 설립했습니다.

이나모리가 심혈을 기울인 핵심 주제는 '사람을 키우는 경영'입니다. 그는 이를 위해 네 가지를 주문합니다.

- 조직을 활기차게 운영하라.
- 직원들에게 동기를 부여하라.

- 책임감 있는 간부를 육성하라.
- 경영자로서 분명한 역할을 가지라.

이나모리는 직원들이 꿈을 품고, 그것을 이뤄내겠다는 도전정신으로 뭉치게 하는 것을 리더의 가장 중요한 사명으로 꼽습니다. 실제로 그 자신도 교세라 창업 초기, 거래처에서 돌아오면 곧바로 간부들을 모아놓고 '이 제품의 용도는 이러하니, 개발에 성공하면 이렇게 전개될 것으로 생각한다. 전자 업계 발전에도 크게 공헌할 제품이다'라고 자세히 설명했습니다. 당시 교세라에는 그런 기술이나 제조설비가 없었습니다. 그런데도 이나모리는 그 제품을 개발하는 의의와 그 제품에 건 꿈을 필사적으로 설명한 것입니다. 리더가 앞장서서 꿈을 정하고, 마음에 불을 지펴야 한다는 생각에서였습니다.

그는 "다른 사람들 눈에 내 꿈은 불가능해 보였겠지만, 그럼에도 이런저런 기회를 잡으려고 노력하는 모습을 보이자 어느새 직원들도 내가 품은 꿈을 공유하기 시작했다"라고 회상했습니다. 그러자 그 꿈을 실현하려는, 어떤 장애물을 만나도 뛰어넘고자 하는 강한 의지가 조직 내에 생겨났습니다.

조직의 리더, 특히 최종 책임을 맡은 사장은 누구보다도 외롭고 무거운 자리에 앉아 있는 사람입니다. 이나모리는 그런 중책을 감내할 만한 '그릇'을 키우는 것이 무엇보다도 중요하다고 강조합니다. 이를 위해 그는 다음과 같은 '리더 십계명'을 평생 실천했습니다.

- 사업의 목적과 의의를 명확히 하고 지시하라.
- 구체적인 목표와 계획을 세우라.
- 늘 강렬한 바람을 품으라.
- 누구에게도 지지 않을 노력을 하라.
- 강한 의지를 가지라.
- 훌륭한 인격을 갖추라.
- 어떤 역경과 마주쳐도 결코 포기하지 말라.
- 직원들에게 애정을 가지고 다가가라.
- 직원들에게 늘 동기를 부여하라.
- 항상 창조적으로 사고하라.

요컨대 직원들에게 희생을 강요하지 말고, 자기 이익보다 직원의 행복을 먼저 생각해야 한다는 것입니다.

대기업에 비해 자금, 설비, 기술 등 눈에 보이는 모든 요소가 부족한 중소기업이라면 더 말할 나위가 없습니다. 이나모리는 직원들에게 인간적으로 마음을 얻어야 제대로 된 경영을 할 수 있다고 강조합니다.

"직원들이 '우리 사장은 참 훌륭해'라고 말할 정도로 사장이 그들을 홀리지 못하면 중소기업은 성공하지 못한다."

이나모리 가즈오, 양준호 옮김, 《사장의 그릇》(한국경제신문, 2020)

09

미 해병대의 일곱 가지 리더십 전략

전 세계에서 자신이 속한 조직의 로고를 문신으로 새긴 사람이 가장 많은 곳은 어디일까?

답은 '미국 해병대'입니다. 조직에 대한 자부심과 헌신에 관한 한 이들을 따를 곳이 없다고 합니다. '한 번 해병은 영원한 해병(Once marine, forever marine)'은 미 해병대원들의 그런 자부심을 담은 슬로건입니다.

6 · 25전쟁 당시 중공군이 기습적으로 침공했을 때, 목숨 바쳐 개마고원 전선을 지켜낸 주역도 미 해병대원(1사단)들이었습니다. 그 덕분에 북한 주민들은 흥남 부두에서 '1 · 4 후퇴'를 할 수 있었죠.

해병대 장교로 복무한 경험을 살려 리더십 개발 컨설팅 회사를 창업한 앤지 모건(Angie Morgan)은 《스파크》라는 책을 통해 무엇이 미국 해병대 대원들을 최강으로 길러내는지 소개했습니다.

"해병대 훈련이라고 하면 대부분 끝없는 행군이나 격렬한 신체 활동을 떠올린다. 하지만 육체와 정신의 강인함을 키우는 것은 최종 목표가 아니다."

강한 훈련은 육체적·정신적 스트레스가 극심한 상황에서도 명예와 용기, 헌신 등 해병대의 가치를 지켜내도록 하기 위한 방편일 뿐이라는 것입니다. 뿐만 아니라 극한 상황에서도 가치관과 일치하는 행동을 해낼 때 비로소 해병대의 선택을 받을 수 있다고도 말했습니다.

모건은 해병대가 강조하는 리더십의 특징을 일곱 가지로 요약했습니다.

- 리더는 만들어진다.
- 가치관과 행동을 일치시키라.
- 신뢰받는 사람이 돼라.
- 책임감 있는 사람이 돼라.
- 의도한 대로 행동하라.
- 먼저 도움을 주는 사람이 돼라.
- 자신감으로 무장하라.

이런 일곱 가지 리더십을 '스파크(spark)'라는 한 단어로 표현한 것입니다. 여기서 스파크는 '불꽃'이라는 번역만으로는 다 담아낼 수 없는 뜻을 가진 말입니다. 모건은 "자신에게 주어진 상황을 그대로 받아들이기를 거부하고, 남들과 다른 행동으로 변화를 만들어내는 게 스파크다"라고 정의했습니다. 또한 스파크는 '자기 스스로가 자신이 찾고 있던 해답이 될 수 있다는 사실을 깨닫는 순간'을 의미하기도 합니다.

　개인과 조직을 일관된 성장으로 이끌기 위해서는 그저 스파크를 일으키는 것만으로는 부족합니다. 의도한 대로 '행동'을 해야 합니다. 사회적 압박감을 넘어 자신이 지금껏 쌓아온 일상과도 싸워야 가능한 일입니다. 모건은 사람들이나 팀, 회사가 뭔가를 하겠다고 호언장담하지만 실제로는 아무런 노력도 하지 않아 실패하는 사례가 수없이 많다고 이야기합니다.

　'지금까지의 방식을 그대로 유지할 필요가 없다. 이제까지 해왔던 것보다 훨씬 더 잘 해낼 수 있다'라고 단언하는 용기가 필요합니다. 이런 사람은 조직의 특정 위치에만 있는 것이 아니라, 조직 내 어디에든 존재합니다. 모건은 "스파크의 기준은 직위나 직책이 아니라 조직 구성원들이 보이는 행동, 헌신, 의지다"라고 말합니다.

　"제가 앞장서겠습니다", "제가 책임지겠습니다", "어렵더라도 잘 마무리 짓겠습니다"라고 말하며 실제로 그 말을 지키는 사람이 '스파크'를 제대로 일으키는 것이며, 미 해병대가 지향하는 진정한 리더십입니다. 스파크를 발견하는 일은 쉽지 않습니다. 하지만 한 사람이 조직 전체를 살릴 수 있으므로 발견하고 육성할 가치가 있습니다.

앤지 모건 외, 이정란 옮김, 《스파크》(빈티지하우스, 2019)

10

예측은 누구나 한다

미국 서브프라임 모기지(subprime mortgage: 비우량주택 담보대출) 사태와 인도 소액금융 산업 붕괴, 슈퍼박테리아 출현과 에볼라 바이러스 유행, 일본 후쿠시마 원전 사고….

이들 사건 사고에는 세상을 뒤흔들었다는 것 말고도 또 하나의 공통점이 있습니다. 관련된 사람들이 각종 경고 신호를 무시하거나 외면해 위기를 키웠다는 점입니다.

사람은 누구나 지금 당장의 만족을 추구하는 경향이 강합니다. 개인과 기업, 사회 모두 즉각적인 결과를 주는 의사결정을 선호하지요. 비나 벤카타라만(Bina Venkataraman) MIT 교수는 근시안의 함정을 극복하기 위해 '포사이트(foresight: 선견지명)'가 필요하다고 주장합니다. 포사이트는 단순한 예측을 넘어 미래에 발생할 문제를 예견하고, 대비책을 실행에 옮기는 능력을 말합니다. 벤카타라만은 포사이트를 갖는다면 기업은 더 많은 수익을 낼 수 있고, 자치단체들은 번영할 것이며, 문명은 예측 가능한 재앙을 피할 수 있을 것이라고 말합니다.

아마존 창업자이자 CEO인 제프 베조스와 폴 폴먼 유니레버 CEO는 '포사이트의 힘'을 보여준 대표적인 리더입니다. 베조스는 아마존의 분기별 수익과 단기 주가를 목표로 내세우지 않았습니다. 대신 고객을 얼마나 늘려갈 것인가에 대한 계획을 제시했습니다. 회사 수익은 성장을 위해 재투자했고, 주주들에게 배당금도 거의 지급하지 않았습니다. 그런데 반전이 일어났습니다. 1997년 주당 5달러 안팎이던 아마존 주가가 20년 뒤 1,000달러를 넘어선 겁니다.

폴먼도 마찬가지입니다. 10년 전 유니레버의 CEO가 됐을 때, 그는 자신의 재임 기간이 아니라 한 세기 넘게 회사가 성장을 지속하는 것을 목표로 삼았습니다. 팜오일 같은 천연 원재료의 공급망을 관리하기 시작했고, 분기별 수익 예측에 대한 발표를 멈췄습니다. 당시 정체되고 있던 유니레버의 영업이익은 그의 재직 기간에 두 배 넘게 늘었습니다. 그 결과 기업의 지속가능 목표를 달성한 성과를 인정받아 실적 개선에 따른 상여금 외에 추가 보너스도 받았지요.

리더가 포사이트를 발휘하느냐, 아니냐는 작은 차이에서 비롯

됩니다. 내일 예정돼 있는 축구 경기 때 '비가 오리라는 사실을 아는 것'과 그 경기를 보러 갈 때 '실제 우산을 들고 가는 것'의 차이라고 말할 수 있습니다. 예측만으로는 미래를 대비할 수 없습니다. 원하는 미래와 만나기 위해 필요한 것이 포사이트입니다. 예측은 누구나 할 수 있지만, 대비는 아무나 하지 못한다는 점을 명심해야 합니다.

우리 모두가 지금 당장 실천할 수 있고, 사회 전체가 공동으로 조직해야 하는 시스템은 멀리 있지 않습니다. 포사이트를 기르는 일은 어렵지 않습니다. 불편한 미래일지라도 회피하지 말고 적극적으로 상상해야 합니다. 그래야 나쁜 결과를 예측하고 대비할 수 있으니까요.

비나 벤카타라만, 이경식 옮김, 《포사이트》(더난출판사, 2019)

11

리더가 내야 할 용기

노키아와 도시바, GE의 공통점은 무엇일까요? 한때 세계 최고 기업들이었지만 잘못된 리더십과 유연하지 못한 조직문화 등으로 쇠퇴의 길을 걸었다는 점입니다. 그렇다면, 위기에 흔들리는 기업과 위험을 돌파하고 앞으로 나아가는 기업은 어떻게 다를까요?

심리 전문가인 브레네 브라운 미국 휴스턴대학교 교수는 그 차이를 '대담한 리더십의 유무'에서 찾습니다. 그런 리더십이 하늘에서 떨어지는 것은 아닙니다. 조직에 위기가 닥치면 구성원 누구나와 마찬가지로 리더 역시 두려움을 느낍니다. 자신이 내린 결정에 확신을 갖기 힘들고, 불안해하며 뿔뿔이 흩어지는 팀원들을 결속시키기도 어려워지죠. 이런 두려움과 불안감을 떨쳐내는 비결은 멀리 있지 않습니다. 자신만 '정답'을 가진 척하지 않고, 불편하거나 거북한 대화와 상황을 회피하지 않고, 자신의 부족함을 솔직하게 인정하는 것입니다.

대담한 리더십의 두 축은 솔직함과 명확함입니다. 브라운은《리더의 용기》에서 이렇게 말합니다.

"우리는 누구나 지그재그로 회피하며 행보할 때가 있다. (…) 예컨대 어려운 사람에게 전화해야 할 때는 먼저 머릿속에 그리며 대본을 쓴다. 다음 날 아침에 전화하면 상황이 더 나아지지 않을까 생각한다. 그러고는 전화보다는 메일이 나을 것 같다는 생각에 다시 메일을 적기 시작한다. 이렇게 오락가락하다가 피곤에 지쳐 나자빠진다."

분명한 건 '어떻게든 연락을 취해야 한다'는 사실은 변하지 않는다는 것입니다. 명확함은 단순하지만 변화를 유도합니다. 명확함이 친절한 것이고, 불명확함은 불친절한 것이죠.

리더가 또 한 가지 명심해야 할 게 있습니다. 시대가 변화함에 따라 리더십의 형태 역시 바뀌어야 한다는 사실입니다. 강력한 카리스마나 완벽주의와 같은 옛날 리더십에 빠져서는 안 됩니다. 브라운은 이렇게 말하죠.

"새로운 기업문화를 주도하는 밀레니얼 세대에게 강력한 통제와 보상을 통해 생산성을 높이려고 했던 '마키아벨리즘 리더십'은 더 이상 통하지 않는다. 그들은 단순한 동조와 진심 어린 공감을 구분할 줄 알고, 끊임없이 변화와 혁신을 추구한다. 수평적이고 기회 균등한 조직문화를 요구하는 동시에, 편안함을 추구하기보다 자신의 가치관을 실천하기 위해 용기 있는 선택을 하는 대담한 리더를 원한다."

완벽주의를 목표로 삼는다고 해서 완벽함에 이를 수는 없습니다. 부족함을 인정할 때 비로소 새로운 것에 눈을 돌리고 시야를 넓힐 수 있습니다. 그런데도 적지 않은 리더가 '언제나 강한 모습을 보여야 한다'는 강박관념에 빠집니다. 주변에 둘러서 있는 구경꾼들에게 더 강하게 보이기 위해 갑옷과 투구로 무장하죠.

시어도어 루스벨트 전 미국 대통령은 이런 유형의 사람들이 새겨야 할 명언을 남겼습니다.

"경기장 밖에서 왈가왈부 떠드는 사람은 중요하지 않다. 성취감과 명예는 경기장에 서서 흙먼지와 땀과 피로 범벅된 사람의 몫이다."

우리 모두는 '인생이라는 경기장' 안에 들어서 있습니다. 이끄는 사람이 될 것인가, 끌려가는 사람이 될 것인가는 자기 자신에게 달렸습니다.

브레네 브라운, 강주헌 옮김, 《리더의 용기》(갤리온, 2019)

12

책임질 사람이 판단하게 하라

2008년 미국 금융시장에서 시작된 글로벌 금융위기는 1929년의 경제 대공황에 비유될 정도로 큰 혼란을 안겼습니다. 월가 금융회사들이 저신용자들까지 이용해 돈벌이를 하려고 서브프라임 모기지라는 비우량주택 담보대출 상품을 남발한 게 발단이 됐습니다. 누구도 예상하지 못했던 베어스턴스, 리먼 브러더스, 메릴린치 등 대형 투자은행들의 파산은 세계 금융시장을 충격과 공포로 얼어붙게 했습니다.

나심 탈레브(Nassim Taleb) 뉴욕대학교 교수는 2008년 금융위기는 '책임지지 않는 행동'으로 빚어진 대표적 사건이라고 진단합니다.

"당시 금융위기가 발생하기 전까지 금융업에 종사하는 사람들은 대학 연구 논문 밖에서는 전혀 작동하지 않는 리스크 모델들을 이용해 파멸적인 리스크를 숨기는 방식으로 상당한 돈을 벌었다. 대학에서 연구하는 학자들은 실제 발생할 수 있는 리스크에 대해 아무것도 모르는데도 말이다."

탈레브는 책임지지 않는 사람들이 어떻게 세상을 무너뜨리는가에 대해 경고하면서 '책임'이라는 단어를 강조했습니다. '인간은 어떻게 살아야 하는가'라는 질문의 궁극적인 답으로 책임을 제시한 것입니다. 공정한 사회를 만들기 위해서는 '책임의 균형'이 이뤄져야 하며, 책임의 균형에 반하는 모든 논리는 거짓입니다.

세계 경제, 정치, 학계, 언론 등 사회 전반에서 자신이 한 선택의 결과를 책임지지 않는 사람들 때문에 심각한 사회 균열이 나타나고 있습니다. 인류사의 모든 비극이 그로부터 연유했다고도 볼 수 있습니다. 선택하고 행동하는 사람과 사후에 책임지는 사람이 일치하지 않는다면 앞으로도 이와 같은 비극은 끝없이 되풀이될 것입니다.

탈레브는 실제 현실의 삶을 살아본 적 없는 지식인들에겐 다른 사람들을 가르쳐야 한다는 생각이 강한데, 사실 이들은 전혀 똑똑하지 않다고 말합니다. '정의'조차 임의로 해석해 자신이 책임져야 할 일을 타인이나 사회에 떠넘긴다고 꼬집었죠. 그는 "자신의 예측 능력을 과신하는 사람들, 정장을 입고 출근하는 사람들일수록 자신의 판단에 대한 책임을 회피하려고 한다"라는 지적도 덧붙입니다. 어떤 일이든 자신의 중대한 이익이 걸려 있는 사람이 판단하고, 행동하고, 책임도 져야 합니다.

나심 니콜라스 탈레브, 김원호 옮김, 《스킨 인 더 게임》(비즈니스북스, 2019)

13

귀신을 쫓아내는 확실한 방법

대학 졸업장이 없는 쓰레기 수거인, 아동병원의 새내기 간호사, 부모의 퇴직연금을 몽땅 날려 먹은 풋내기 투자 전문가, 가난을 피해 미국으로 이민한 제화공의 아들….

이들의 공통점은 훗날 유능한 기업 CEO가 됐다는 것입니다. 'CEO가 될 자질'에 대한 일반의 통념을 깨뜨리는 결과입니다. 사람들은 보통 완벽한 스펙에 카리스마를 갖추고 자신감도 넘치는 사람이 CEO가 된다고 생각하니까요. 그래서 평범하고 내세울 것 없는 자기 자신은 CEO 자질이 없다고 지레 단념합니다.

리더십 컨설팅 회사 지에이치스마트의 엘레나 L. 보텔로(Elena L. Botelho)와 킴 R. 파월(Kim R. Powell)은 2,600여 명의 성공한 CEO들을 만나 관찰한 결과를 《이웃집 CEO》에 담았습니다.

"우리가 인터뷰한 CEO 중 70퍼센트 이상은 처음부터 CEO가 되겠다고 생각하지 않았다. 대체로 15년 이상 경험을 쌓고 최고 경영진에 합류할 가능성이 보이기 시작한 뒤에야 CEO의 역할에 대해 생각하기 시작했다. 아이비리그 대학교 졸업자는 7퍼센트에 불과했다. 45퍼센트는 경력을 쌓아가면서 한 번 이상 크게 실패했으며, 3분의 1 이상은 자신이 내성적이라고 밝혔다."

이런 사람들이 CEO로 성공한 데에는 몇 가지 특징이 보였습니다. 과단성, 영향력 확대를 위한 관계 형성, 엄격한 신뢰성, 주도적 적응이라는 공통점이 있습니다. 이 중에서도 신념에 따라 신속하게 결정하는 과단성이 결정적인 성공 요인이었습니다. 보텔로와 파월은 과단성 있는 CEO가 높은 성과를 달성할 가능성은 그렇지 않은 CEO보다 열두 배 크다고 밝히면서 미국 버스회사 그레이하운드의 스티브 고먼 CEO를 예로 들었습니다. 그는 취임하자마자 수익성 없는 노선을 과감히 없애고 고수익 교통망 중심으로 재편했습니다. 몰락해가는 회사에 아무런 조치를 하지 않는 것보다 나빠질 가능성이 있더라도 결정하는 편이 낫다고 판단했기 때문입니다. 그레이하운드는 그때까지 2년 동안 1억 달러가 넘는 적자를 내고 있었는데 고먼의 결단 이후 4년 만에 3,000만 달러 흑자 회사로 변신했습니다.

책에는 '이런 사람은 리더로 성공하기 힘들다'는 두 저자의 관찰담도 소개됐습니다. 강한 억양을 사용하는 후보자가 CEO로 채용

될 가능성은 그렇지 않은 후보자보다 훨씬 작다고 합니다. 그 이유는 성공적인 관리자와 리더가 되기 위해서는 개인적 성취에서 집단적 성취로 초점을 바꿀 수 있어야 하기 때문입니다. 그들은 이렇게 말합니다.

"귀신을 물리치는 최고의 방법은 무엇일까? 빛을 끌어들이자. 이사진과 팀에 귀신들을 펼쳐 보이며 '이것이 우리가 직면한 현실이고 맞붙어 싸워야 할 대상입니다. 이제 어떻게 대처할 것인지 방법을 강구해봅시다'라고 말해보라."

엘레나 보텔로 외, 안기순 옮김, 《이웃집 CEO》(소소의책, 2018)

14

방탄소년단의 에토스와 파토스

한국 가요계에서도 아웃사이더로 꼽혔던 아이돌 그룹 방탄소년단이 세계 가요계를 강타하며 제2의 K팝 전성기를 이끌고 있습니다. 빌보드 200 차트 4회 연속 진입, 아시아 9개 도시 19회 공연 19만 5,000석 전석 매진, 'DNA' 뮤직비디오의 K팝 그룹 사상 최단기간 2억 뷰 돌파 등 숱한 기록을 쏟아내고 있습니다.

한국 가요 시장은 몇 년째 SM, YG, JYP 엔터테인먼트 등 메이저 3사가 지배해왔습니다. 이들 회사의 아이돌은 그룹이 만들어지는 과정 자체가 '서바이벌 프로그램' 형태로 TV에 생중계되면서 출범과 동시에 팬덤을 형성하게 하고, 소속사 선배 그룹의 후광까지 얻습니다. 방탄소년단은 그렇지 못했습니다. 중소 기획사에 소속된 '흙수저 아이돌'이었기 때문입니다. 개성 있는 음악을 선보이며 출범했지만 메이저의 벽을 넘어설 순 없을 것이라는 말을 들었습니다.

음악 전문가들은 방탄소년단이 메이저의 벽을 넘어선 성공 요인으로 '스토리를 끌어내는 능력'을 꼽습니다. 방탄소년단은 '얌마 니 꿈은 뭐니', '삶의 주어가 되어봐'와 같은, 자신들의 이야기를 녹여낸 가사로 10대의 꿈과 고민을 노래해 팬심을 사로잡았습니다.

"17평 아홉 연습생, 코 찔찔이 시절 엊그제 같은데 그래 우리도 꽤 많이 컸어. 좋은 건 언제나 다 남들의 몫이었고 불투명한 미래 걱정에 항상 목쉬었고…."

스타라고 해서 자신들과 동떨어진 '사랑 이야기'를 하는 게 아니라 잘하고 싶어도 잘 안 풀리고, 앞으로 뭘 해야 할지도 막막해 혼란스러워하는 청춘들을 대변한 가사는 팬들을 감동시켰고, 열광케 했습니다.

방탄소년단은 '팩트'가 아니라 '스토리'로 사람들의 마음을 움직입니다. 스토리텔링은 사람의 마음을 움직이는 것은 물론 행동에도 변화를 주는 강력한 힘을 갖고 있습니다. 비즈니스 영역에서도 마찬가지입니다. 조직의 리더로서 다수를 성공적으로 설득하고 싶다면 아리스토텔레스의 설득 모델 세 가지를 모두 충족시켜야 합니다. 아리스토텔레스는 사람을 설득하기 위해선 로고스(논리), 에토스(개인의 신뢰도와 성품), 파토스(감정적 연계)를 갖춰야 한다고 했습니다. 여전히 많은 리더가 로고스만 강조하고 있지만, 에토스와 파토스 없이는 감동을 주는 리더가 될 수 없습니다.

팩트와 수치로 리더십을 발휘하던 시대는 지났습니다. 리더의 새로운 역할은 정보를 쓸모 있고 호감 가게 만드는 것이고, 이를 위해선 짧고 강렬한 스토리를 적극 활용해야 합니다. 아무리 생각해도 마땅한 스토리가 떠오르지 않는다면 어떻게 해야 할까요? 걱정할 필요 없습니다. 정성을 들여 연습하고 다듬은 단 하나의 스토리로 먼저 시작하면 됩니다. 인생은 스토리로 가득 차 있으니까요.

가브리엘 돌란 · 야미니 나이두, 박미연 옮김, 《팩트보다 강력한 스토리텔링의 힘》(트로이목마, 2017)

15

직원들에게 정답을 제공하지 말라

창업 8년 만에 기업가치를 680억 달러(약 76조 원)로 끌어올리며 승승장구하던 우버가 2017년 '오너 악재'에 휘말려 곤욕을 치렀습니다. 창업자 트래비스 캘러닉(Travis Kalanick)이 사업을 위해 수단과 방법을 가리지 않는 비도덕적 행위를 일삼았다는 사실이 드러나면서 CEO 자리에서 물러났습니다.

비즈니스 컨설팅 전문가 조너선 레이먼드(Jonathan Raymond)는 이런 문제가 '나쁜 권위'에서 비롯됐다고 진단하고, '권위적인 리더'가 아니라 '권위 있는 리더'가 돼야 한다고 강조합니다. 리더가 권위적일 때 직원들은 조직에 헌신하지 않으며 오히려 목표 달성을 방해하기도 합니다. 지속가능한 기업을 만들기 위해서는 형식에 치중하고 위계질서를 강조하는 권위가 잘못됐다는 걸 깨닫고

'좋은 권위'를 추구해야 합니다.

레이먼드는 '좋은 권위'를 만드는 열네 가지 핵심 요소를 다음과 같이 제시합니다.

- 대부분 사람이 간과하는 것에 주목하는 통찰력
- 리더로서의 결정을 미루지 않는 배려
- 모든 직원의 입장을 이해하려는 수용적인 태도
- 직원들이 성장할 수 있도록 적절한 기회를 제공하는 관대함
- 책임을 회피하며 변명을 늘어놓는 걸 허용하지 않는 단호함
- 자신이 모르는 분야에 끊임없이 질문하는 호기심
- 편한 길을 지양하고 옳은 길을 고수하는 지혜
- 누군가의 발전을 위한 일이라면 기꺼이 소수의 지지자가 되려는 자세
- 자기 생각을 숨김없이 직원들과 공유하는 투명성
- 직원들이 스스로 능력을 발전시키도록 묵묵히 기다려주는 용기
- 자신도 충족하기 어려운 기준을 남에게 강요하지 않는 인간적인 태도
- 어떤 것도 변화시키지 못한다고 하더라도 자기 생각을 말하는 솔직함
- 자신의 노력으로 세상을 바꿀 수 있다고 믿는 강한 자신감

- 잘못을 인정하고 그것을 바탕으로 새로운 시작을 도모하는 겸손함

레이먼드는 '좋은 리더'의 반대말은 '나쁜 리더'가 아니라 '모방하는 리더'라고 말합니다. 모방하는 리더는 자신의 신념대로 직원들을 관리하는 대신 부모님이나 선생님 또는 문화를 통해 학습한 방법을 그대로 답습하는 사람을 가리킵니다.

"뛰어난 리더로서 팀이나 조직 또는 세상을 한 단계 발전시키는 방법은 정답을 제공하지 않는 용기를 기르는 것이다. 리더는 직원들이 목표를 달성하는 데 필요한 자원을 제공하는 동시에 그들이 스스로 해결책을 발견할 수 있도록 여유를 줘야 한다. 이런 관리 방법에 익숙해지면 문제의 90퍼센트 이상이 사라질 것이다."

주식시장에는 '다수가 가는 길은 꽃으로 치장돼 있지만 지옥으로 가는 길'이라는 말이 있습니다. 시장은 군중이 예상하는 방향으로 가지 않기 때문입니다. 이를 리더십에도 적용할 수 있습니다. 리더십의 세계에서 '다수가 가는 길은 꽃으로 치장돼 있지만 지옥으로 가는 길'이라고 말이죠. 세상은 군중이 예상하는 방향으로 가지 않으니까요.

조너선 레이먼드, 서유라 옮김, 《좋은 권위》(한스미디어, 2017)

16

"자네는 왜 이 일을 하는 거지?"

'성과 향상'은 조직 리더들의 최우선 과제 가운데 하나입니다. 조직의 경쟁력을 높이려면 구성원들이 좋은 성과를 내줘야 합니다. 기업들이 일하기 좋은 환경을 조성하기 위해 급여 인상 외에도 정시 출퇴근, 안식월 도입 등 다양한 제도를 시행하는 것도 이런 이유에서입니다. 바로, 동기를 부여하기 위해서죠.

조직문화 컨설팅의 대가로 불리는 닐 도쉬(Neel Doshi)와 린지 맥그리거(Lindsay McGregor)는 《무엇이 성과를 이끄는가》라는 책에서 직원이 일을 하는 동력인 '동기'를 직접 동기와 간접 동기 각각 세 개씩 여섯 가지로 제시합니다. 직접 동기는 일하는 것 자체가 재미있어서 하는 '즐거움', 일의 결과가 자신의 가치와 같을 때 느끼는 '의미', 일이 자신의 바람을 이루는 데 도움이 되는 '성장'입니다.

간접 동기는 다른 사람이 실망할까 봐 두려워하는 '정서적 압박감', 보상을 바라거나 처벌을 피하려는 '경제적 압박감', 별다른 이유가 없는 '타성'입니다.

저자들은 직접 동기는 성과를 높이지만, 간접 동기는 성과를 낮추는 방향으로 작용한다고 지적합니다. 일 자체에서 오는 즐거움이 성과를 가장 많이 높이고 그다음이 일의 결과에서 느끼는 의미, 일의 미래 결과와 관련한 성장 순이라고 합니다. 간접 동기 중에서는 타성이 성과를 가장 낮추고 그다음이 일의 결과를 조건으로 하는 경제적 동기, 일에 대한 두려움에서 오는 정서적 동기 순으로 성과를 낮춘다고 하죠.

조직 구성원들에게 어떻게 해야 즐거움 등의 직접 동기를 최대한 불어넣어 줄 수 있을까요? 두 저자는 스타벅스를 예로 들어 설명합니다.

"음료 매장에 신입사원이 들어왔다고 생각해보자. 먼저 우리 회사는 단순히 음료를 파는 곳이 아니라 집과 같이 편안하게, 정신적 영감을 얻고 삶을 풍요롭게 만드는 곳이라고 알려준다. 이는 일의 의미 동기를 자극하는 동시에 일을 하는 기준이 된다."

만약 당신이 조직의 성과를 높여야 하는 리더라면 가장 먼저 할 일은 직원들에게 일을 하는 이유를 물어보는 것입니다. '일의 즐거움, 의미, 성장, 실망시키지 않으려고, 경제적 이유 때문에, 별다른 이유가 없음' 등 앞서 말한 직접 동기와 간접 동기 각각에 점수를 매기게 합니다. 정도의 차이가 있을 뿐, 누구나 여섯 가지 동기를 모두 가지고 있기 때문입니다. 그런 다음에는 매겨진 점수를 참고해 직접 동기는 높이고 간접 동기는 낮출 방법을 고민해보면 됩니다.

예를 들어 '매출 10퍼센트 증가'가 목표라면 직원들에게 매출을 올릴 새로운 아이디어 세 가지만 내보라고 제안합니다. 이는 직원들이 스스로 결정하고 바로 실행할 수 있게 지원하는 방법입니다. 이는 곧 '왜' 일을 하는지 직원들이 스스로 묻게 하는 방법이기도 합니다.

닐 도쉬·린지 맥그리거, 유준희·신솔잎 옮김,《무엇이 성과를 이끄는가》(생각지도, 2016)

17

지도자가 갖춰야 할 '겸손'의 의미

존 헤네시(John L. Hennessy) 전 스탠퍼드대학교 총장은 16년 동안 재임하면서 탁월한 리더십을 발휘해 스탠퍼드를 세계 최고 대학의 반열에 올려놓았습니다. 구글 창립자인 세르게이 브린과 래리 페이지, 야후 공동창업자인 제리 양 등 수많은 제자를 길러낸 스승으로도 유명합니다. 전기 작가인 월터 아이작슨은 그를 스티브 잡스, 빌 게이츠, 제프 베조스와 더불어 '이 시대의 진정한 창의적 리더'로 꼽습니다. 그의 리더십을 알베르트 아인슈타인과 레오나르도 다빈치에 견주기까지 합니다.

헤네시는 겸손(humility)과 진정성(authenticity), 봉사(service), 공감(empathy), 용기(courage)를 리더십 비결로 꼽았습니다. 언뜻 평범하고 당연한 덕목들로 보입니다. 하지만 그는 일반적인 개념을 넘어 자신의 경험을 바탕으로 현실에 적용하고 실천했습니다.

먼저, '겸손'은 그저 고개를 숙이는 게 아닙니다. 그는 자신의 공적을 자랑하지 않고, 자신이 틀릴 수 있음을 인정하며, 도움이 필요할 때는 기꺼이 요청하고, 실수를 통해 배우며, 자신을 성장시켜줄 도전 과제에 당당히 맞서야 사람들을 이끌 수 있다고 밝혔습니다. 타고나는 심성이 아니라 리더로서 개발하는 습관으로 재정의한 것입니다.

자신감을 리더십의 핵심으로 여기면서도, 그 자신감이 어디서 비롯되는지는 간과하는 사람이 적지 않습니다. 헤네시는 진정한 자신감, 자신의 실력과 품성에 대한 진정한 인식은 자존심이나 오만이 아닌 겸손에서 나온다고 말합니다. 현재 누리는 성공이 이전 세대의 헌신적인 희생 덕분이며 지금 있는 자리에서 자신이 가장 똑똑한 사람이 아님을 자각할 필요가 있다고 말이죠.

헤네시는 도덕성보다 훨씬 지키기 힘든 원칙으로 진정성을 꼽습니다. 리더가 갖춰야 하는 진정성이란 자신이 추구하는 바람직하고 현실적인 자질이 무엇인지 분명히 알아낸 다음, 그것을 실천하기 위해 확신을 갖고 매진하는 것이라고 설명합니다. 조직 차원에서 보자면 조직의 전반적인 사명과 방향을 이해하고, 힘든 결정을 하는 것입니다. 그는 반발, 모욕, 위해, 사회적 배척의 우려가 있을 때조차 기꺼이 위험을 감수하면서 진실을 말하는 것이 리더에게 특히 중요한 자질이라고 강조합니다.

자신이 진정 누구를 위해 일하는지 이해하는 것도 리더십의 중요한 원칙입니다. 바로 '봉사'라는 자질이죠. 권력이나 권위를 가진 이들이 가장 배우기 힘들어하는 것이며, 일부는 평생 배우지 못하기도 합니다. 이 자질을 갖추려면 관점을 뒤집어서, 조직이 정해진 방향으로 나아가도록 모두의 힘을 빌려야 합니다.

존 헤네시, 구세희 옮김, 《어른은 어떻게 성장하는가》(부키, 2019)

CHAPTER

2

앞서가는
조직을 만드는
변화 관리

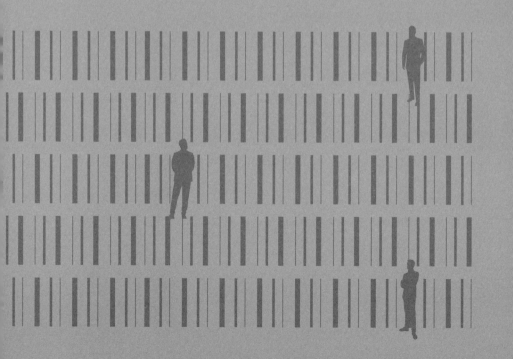

사람들이 하루에 60번 이상 하는 일

"나는 언제쯤 ○○이 될 수 있을까. 어떻게 해야 원하는 곳에 들어갈 수 있을까. 살을 빼려면 무엇을 해야 할까. 고민은 많고 생각은 꼬리를 문다. 하지만 돌아보면 이룬 것은 없다."

저를 포함하여, 아마도 이 문장을 읽고 지나온 날들을 돌아보는 사람이 많을 것입니다.

많은 사람이 꿈을 이루지 못하는 원인은 단 하나, 행동하지 않기 때문입니다. 선뜻 행동하지 못하는 건 '목표를 제대로 달성할 자신이 없어서'인 경우가 많습니다. 하버드대학교 학생들에게 '행동력 프로젝트'를 강의하는 경영 관리 컨설턴트 가오위안(高原)은 마크 저커버그 페이스북 창업자 등 성공한 사람들의 비결로 '반(反)완벽주의'를 꼽습니다.

"그들은 완벽한 결과를 추구하지 않았다. 원대한 이상을 갖고 있었지만, 그 원대한 꿈을 현실화하기 위해 계획을 쪼개어 단계별로 나누고, 단계마다 작은 목표를 만들었다. 40점짜리 환경만 갖춰져도 계획을 실행했다."

전문가들은 목표를 완벽하게 이룬다는 것 자체가 애초부터 불가능한 일이라고 말합니다. 그럼에도 많은 사람이 '완벽주의'라는 신화에서 벗어나지 못하고 있습니다. 현대 사회는 오늘 맞는다고 생각한 것이 내일은 틀리는 경우가 빈번해질 만큼 빠른 속도로 변화하고 있습니다. 이런 상황에서는 예측 불가능한 변수가 계속 튀어나오기 때문에 어차피 완벽한 계획이라는 건 존재할 수 없습니다. 목표가 생기면 바로 실행에 옮기면서 그때그때 계획을 수정하며 '결과의 완벽'이 아닌 '부분의 완벽'을 추구하는 것이 가장 경제적인 방법입니다.

가오위안은 생각을 실행하기 위해서는 네 단계가 필요하다고 말합니다.

"대부분 1단계는 계획을 세우는 것이라고 여기는데, 1단계는 '바로 시작하는 것'이다. 먼저 시작을 한 뒤 집중할 환경을 만들고, 장애물에 부딪힐 때마다 계획을 수정해나가며, 마감일까지 매일 실천해나가야 목표를 달성할 수 있다."

미국 필라델피아의 설계회사인 그라운드스웰은 '일단 시작하는' 반완벽주의의 대표적 기업입니다. 고급스러운 미술관이나 도서관,

광장 등을 설계하는 이 회사는 '질을 높이기 위해 너무 많은 시간을 낭비하지 말라'는 방침을 가지고 있습니다. 일단 큰 틀을 짜고 기한을 맞춘 다음 구체적인 부분에서 완벽을 추구하지요.

행동력을 높이는 데는 집중이 잘되는 '골든타임'을 찾아내 활용하는 것도 도움이 됩니다. 인간의 두뇌가 가장 활발하게 움직이는 시간대는 오전 10시부터 12시, 오후 3시부터 5시까지라고 합니다. 대부분 사람이 하루 중 20퍼센트에 불과한 이 시간에 하루 업무량의 80퍼센트를 처리합니다. 행동이 필요한 일이 있을 때 이 시간대에 하도록 배치하면 좋은 성과를 거둘 수 있을 것입니다.

무엇보다도 중요한 건 오랫동안 자신을 괴롭혀온 문제의 원인이 '내 안에 있음'을 깨닫는 일입니다. 하버드대학교 심리학과의 연구에 따르면, 사람들은 하루 평균 60번 이상 핑계를 대면서 할 일을 미룬다고 하죠. 이처럼 자신을 합리화하고 부정하면서 기회와 시간을 날리지 말아야 합니다.

가오위안, 김정자 옮김, 《하버드 행동력 수업》(가나출판사, 2018)

프랑스어를 통달하는 새로운 방법

"예술작품을 창작할 때는 이것저것 생각하지 말고 그냥 하라. 작품이 훌륭한지 형편없는지, 사람들 마음에 드는지 안 드는지, 그것은 다른 이가 판단하게 하라. 그 시간에 작품이나 더 만들라."

미국 팝아티스트 앤디 워홀이 한 말입니다.

한동안 '1만 시간의 법칙'이란 말이 유행했습니다. 세계적 수준의 전문가가 되려면 최소한 1만 시간의 연습이 필요하다는 주장입니다. 반론이 적지 않았습니다. 시간이 돈인 시대에 위험 부담이 적지 않다는 것입니다. 한 가지 일에 올인해 시간을 쏟아붓는 게 쉽지 않을뿐더러, 그렇게 해도 반드시 대가가 돌아오리라는 보장이 없지 않느냐는 지적도 제기됐습니다.

영국 리더십 강사 로버트 트위거(Robert Twigger)는 '마이크로마스터리(micromastery)'라는 단어로 1만 시간의 법칙과 정반대 관점을 제시합니다. '작다'라는 뜻의 '마이크로'와 '통달'이라는 뜻의 '마스터리'를 합성해 고안해낸 이 단어는 '작은 단위의 숙달된 기술이나 지식'을 의미합니다. 위홀은 일찍부터 마이크로마스터리를 실천해서 성공한 대표적 인물로 꼽힙니다.

쉽게 말하면 마이크로마스터리는 1만 시간을 쏟아부어 요리 실력을 키운 다음에 오믈렛을 조리하는 것이 아니라 오믈렛이라는 음식을 그냥 만들어보는 것을 뜻합니다. 뭔가를 배우려면 계획을 세운 다음 차근차근 시작하라는 일반적인 조언에 반기를 드는 얘기입니다. 모든 것이 완벽하게 준비돼 있지 않아도 괜찮으니, 아주 작은 것부터 시작해보라는 거죠. 예를 들어 그림을 잘 그리고 싶다면 일단 제도용 펜으로 유명 화가들의 스케치를 흉내 내본다든지, 프랑스어를 잘하고 싶다면 일단 유튜브에서 프랑스 국가인 '라 마르세예즈'를 검색해서 따라 불러보라는 겁니다.

짧게 집중해서 곧바로 성취하는 경험을 쌓는 것이 '작은 몰입'을 통한 마이크로마스터리이고, 그렇게 하다 보면 성공의 법칙도 바뀐다는 겁니다. 집중하는 단위가 작으면 성취하기가 그만큼 쉽고, 뭔가를 해냈다는 만족감과 자신감이 축적되죠. 반복되는 성취의 경험은 매우 강력한 힘을 발휘합니다. 작은 성취를 자주 경험할수록 큰 성공이 점점 쉬워집니다.

트위거가 쓴 책《작은 몰입》에 이런 구절이 나옵니다.

"다각도의 마이크로마스터리를 갖추면 삶에 대해 전반적 관점을 취하게 되고 삶의 신비와 경이로움, 기회에 마음이 열린다. 전문 기술과 지식을 습득하는 나름의 비결을 알게 된 만큼 다른 사람 앞에서 주눅 들지 않는다."

흥미롭고도 멋진 제안 아닌가요? 이렇게 한다면 변화무쌍한 시대를 멋지게 살아갈 수 있을 듯합니다.

로버트 트위거, 정미나 옮김, 《작은 몰입》(더퀘스트, 2018)

불확실성, 피할 수 없다면 길들여라

'기존 질서 붕괴와 극도로 예측 불가능한 우리 시대의 본질이 결합된 무질서.'

영국 경제학자 노리나 허츠(Noreena Hertz)가 진단한 현대 사회의 근본 문제입니다. 고개가 끄덕여지는 얘깁니다. 정보화와 세계화, 인공지능(AI) 등을 기존 지식과 사고 체계로 따라잡기에는 발전 속도가 너무나 빠르니까요.

이렇게 난해해지는 세상에서 중요한 것은 무엇일까요. 미국 싱크탱크인 뉴아메리카의 제이미 홈스(Jamie Holmes) 연구원은 '불확실성을 통제하는 능력, 이해하지 못하는 모호한 대상을 다루는 방식'이라고 진단합니다. 이런 통제 능력의 반대편에 있는 게 '종결 욕구(need for closure)'라는 겁니다.

미국 심리학자 아리 W. 크루글란스키(Arie W. Kruglanski)가 주창한 이 말은 '어떤 주제에 대한 확실한 대답, 즉 혼란과 모호성을 없애주는 답변을 원하는 특별한 요구'를 뜻합니다. 유감스럽게도 혼란과 모호성을 아무런 부작용 없이 단숨에 없앨 수 있는 특효약은 없습니다.

직장에서 난제에 부딪혔을 때 퇴사를 결정하거나, 연인과 다툼이 반복될 때 대화보다는 이별을 택하는 등 고민을 가장 손쉬운 행동으로 해결하는 사람을 심리학자들은 종결 욕구가 강한 성향으로 분류합니다. 종결 욕구가 높아지면 혁신 능력과 창의성도 저하됩니다. 새로운 것을 배우거나, 까다로운 문제를 해결하거나, 다른 관점에서 세상을 바라볼 소중한 기회를 놓치기 때문입니다.

혁신과 창의성이 중요한 비즈니스와 교육, 예술 분야에서는 모호성과 불확실성이 '위장된 축복'으로 작용합니다. 홈스는 실패했을 때보다 성공했을 때 더더욱 모호한 원인을 찾아내야 하며, 불확실성을 수용해야 한다고 기업에 주문합니다. 예상치 못한 요인이 성공에 어떤 역할을 했는지 끊임없이 의문을 제기하고, 성공 때문에 간과하기 쉬운 문제들을 찾아내야 한다는 겁니다.

애플 창업자 스티브 잡스가 남긴 말도 같은 맥락입니다.

"최초에 내놓은 제품이 크게 성공을 거뒀을 때 그 제품이 왜 그렇게 성공했는지 제대로 이해하지 못하면 문제가 발생한다. 이런 상태에서 내놓는 두 번째 제품은 실패한다."

프랑스의 르코르뷔지에(Le Corbusier)는 일본 건축가 안도 다다오 (安藤忠雄)가 정신적 스승으로 꼽는, 20세기를 대표하는 혁명적 건축가입니다. 그는 이런 말을 남겼습니다.

"복잡함에 주저하지 말고 단순함에 도달할 것. 어느덧 잃어버린 내 인생의 꿈을 다시 좇을 것. 젊은 상태에 머무르는 것이 아니라 어제보다 더 젊어져 갈 것."

노리나 허츠, 이은경 옮김, 《누가 내 생각을 움직이는가》(비즈니스북스, 2014)
제이미 홈스, 구계원 옮김, 《난센스》(문학동네, 2017)

04

손정의는 어떻게 혁신의 아이콘이 됐나

일본 기업은 혁신을 일으키지 못한다고들 말합니다. 다만, 재일교포 손정의 회장이 이끄는 소프트뱅크는 예외로 꼽힙니다. 빠른 속도로 혁신적인 사업을 잇달아 성공시키며 세계의 주목을 받고 있습니다. 손 회장의 비서실장을 지낸 프로젝트 매니저 미키 다케노부(三木雄信)는 《손정의처럼 일하라》라는 책을 통해 '손정의식 경영'의 성공 비결을 파헤쳤습니다.

손정의식 경영의 특징은 허용 가능한 리스크 범위 안에서 할 수 있는 모든 일을 실험해본다는 것입니다. 분야를 막론하고 앞으로 성장할 것 같은 사업을 탐색해서, 가능성이 있다고 판단되는 사업에 모두 투자합니다. 그러고는 그 가운데 성장 가능성이 커 보이는 사업에 자원을 집중해 규모를 빠르게 키워나갑니다. 처음부터 주력으로 점찍어놓은 것은 없으며, 성장한 사업이 본업 중 하나가 되는 것입니다.

손 회장의 성공 비결은 누구든지 들어본 적이 있고 손쉽게 할 수 있다고 생각하는 'PDCA(plan-do-check-action)'를 자신만의 버전으로 완전하게 재해석했다는 데 있습니다. 손정의식 경영은 네 가지를 특징으로 합니다. 목표에 대한 집착이 매우 강하고, 목표를 달성하기 위해 온갖 방법을 시험해보며, 시험해본 방법을 숫자로 엄밀하게 검증하고, 언제나 더 나은 방법이 있는지 찾는 것입니다.

"목표를 세우고 실행하라는 게 일반론이지만, 일단 실행해보라. 그러면 목표가 쏟아지고 후속 행동이 폭발한다. 실컷 놀다가 다급해져서야 미친 듯 일한 경험이 모두에게 있지 않은가."

일단 일을 저지르면 그에 맞춰서 생각과 행동을 하게 된다는 것입니다. 압박을 받는 상태에서 생각하면 사고와 의사결정이 빨라지니까요.

일이 밀려 야근을 해야 한다거나, 기한 내에 성과를 내지 못할 것 같은 압박감이 있거나, 요령이 부족해 속도가 느리다는 고민은 누구나 한 번쯤 해봤을 겁니다. 만약 이런 상황에 처했다면 그것을 자신의 역량 부족 탓으로 돌리지 말고, 지금까지 해온 업무수행 방식과 사고방식을 바꾸라는 것이 손정의식 경영의 요체입니다. 손 회장은 자신의 인생을 누군가의 명령에 따르지 않고 스스로 원하는 대로 살아가기 위해서라도 이 방식을 활용해보라고 조언합니다.

경험이 부족하다든가, 회사 지명도가 경쟁사보다 낮다든가 하는 변명거리를 찾는 것도 금물입니다. 그런 식이어서는 평생 성장할 기회를 잡을 수 없다는 일갈에 고개를 끄덕이게 됩니다.

"먼저 과감하게 높은 목표를 설정하고 '하자!'라고 결정하라. 실행을 전제로 생각하면 자신에게 없는 경험이나 지명도 등을 다른 곳에서 끌어올 아이디어가 얼마든지 솟아난다."

미키 다케노부, 윤경희 옮김, 《손정의처럼 일하라》(스타리치북스, 2019)

실패를 보물로 만드는 방법

미국 텍사스주 오지에서는 몇십 년째 '만년시계'가 건설되고 있습니다. 1초 간격으로 째깍거리는 보통 시계와 달리 이 시계는 1년 간격으로 초침이 움직이고, 분침은 100년에 한 번 움직이게 설계됐습니다. 매시 정각을 알리는 뻐꾸기는 1,000년에 한 번 등장합니다. 제프 베조스 아마존 CEO가 자기 소유의 땅과 4,200만 달러를 기부해 진행하는 공사입니다.

베조스의 만년시계는 단지 과시적인 장식품이 아닙니다. '장기적 사고의 힘'을 상징하는 조형물입니다. 만년시계를 통해 인류가 시간에 대해 생각하는 방식을 바꾸고, 후손들이 지금 세대보다 더 폭넓은 안목을 갖도록 일깨워주겠다는 것입니다.

2015년 베조스는 주주들에게 보내는 연례서한에서 이렇게 밝혔습니다.

"아마존이 특히 강점을 가진 분야 중 하나는 실패입니다. 아마존은 세계에서 가장 실패하기 좋은 직장이죠. 실패와 발명은 불가분의 쌍둥이입니다. 발명을 위해선 실험을 해야 하고, 성공을 미리 알고 있다면 그건 실험이 아닙니다."

베조스는 22년째 매년 한 차례 주주들에게 편지를 보내고 있습니다. 편지에는 실패와 성공에 대한 분석, 앞으로의 로드맵과 비전을 쉽고 간결하게 적습니다. 위험에 투자한 과정과 결과도 빼곡히 담습니다. 이 모든 것에는 베조스가 중시하는 장기적 관점이 깔려있습니다. 그는 아마존을 창립할 때부터 장기적으로 생각하고 사업하겠다는 뜻을 세웠습니다. 2000년 당시 닷컴 거품이 붕괴하면서 주식 가치가 80퍼센트나 폭락했던 시기에도 아마존의 성장세를 보고하며, 장기적 관점으로 생각하고 선택하고 성장하는 것에 훨씬 더 집중해야 한다고 강조했습니다.

대부분 회사의 경영 구조는 일이 잘 풀려야만 살아남게끔 짜여 있습니다. 하지만 아마존은 그렇지 않습니다. 애초부터 예산에 '실패' 항목을 배정함으로써 실패가 예견되는 많은 일에 자원을 배분합니다. 결과는 놀랍습니다. 몇 번의 성공으로 여러 번의 실패를 단번에 극복합니다. 그뿐만이 아니라 실패에서 배우고, 그것을 바탕으로 다른 시도를 하고, 결국 성공으로 이끕니다.

베조스가 얼마나 철저하게 장기적 관점의 경영을 하는지는 그가 아마존의 투자자들을 언급할 때 쓰는 용어에서도 확인됩니다. 그는 아마존 주식에 투자하는 사람들을 '주식 보유자(shareholder)'가 아니라 '주식 소유자(shareowner)'라고 부릅니다. 투자자라면, 회사에는 관심이 없고 단지 금전적 이익만을 원하는 세입자가 아니라 주인처럼 느껴야 한다는 것입니다. 주식 투자자가 주인의식을 갖는 것이야말로 회사가 장기간 성장할 수 있는 기업문화를 창조하는 핵심 요소라고 보는 것입니다.

스티브 앤더슨, 한정훈 옮김, 《베조스 레터》(리더스북, 2019)

06

귀를 열고 침묵의 소리를 들어라

세계 최대 인터넷 기업인 구글이 사회학자, 조직심리학자, 통계학자 등을 모아 프로젝트를 진행했습니다. '무엇이 팀을 더 효율적으로 만드는가'를 찾는 실험이었습니다. 연구자들은 구성원들의 학력과 성비 균형 등 다양한 가설을 두고 조사를 벌였는데, 의외의 결과가 나왔습니다. 즉, 누가 조직의 팀원으로 있는지는 조직 성과에 크게 중요하지 않았습니다. 중요한 것은 팀원 간 커뮤니케이션 방식과 '자신의 의견이 진지하게 받아들여진다'는 믿음이었습니다.

구글이 발견해낸 성공하는 팀의 첫 번째 특성은 심리적 안정감(psychological safety)이었습니다. 에이미 C. 에드먼슨(Amy C. Edmondson) 하버드대학교 경영대학원 교수는 심리적 안정감을 '구성원이 업무와 관련해 어떤 의견을 제시해도 벌을 받거나 보복당하지 않을 것이라고 믿는 조직 환경'으로 정의합니다. 대부분 기업이 역량 있는 인재를 영입하는 데 힘을 쏟지만, 구성원이 심리적으로 안정된 상태에서 자유롭게 문제를 제기하는 여건이 보장되지 않는 한 그들의 뛰어난 역량은 낭비되고 만다는 것이 에드먼슨의 주장입니다.

업무와 관련해 어떤 말을 하더라도 수치심을 느끼지 않고 인정받는다고 느낄 때 구성원은 활발하게 아이디어를 제안하고, 실수나 문제를 빠르게 드러내 더 큰 손실을 예방합니다. 구글은 실패한 팀에 보너스를 주는 특단의 조치로 조직의 심리적 안정성을 강화했습니다. 발전 가능성이 전혀 없는 프로젝트에 몇 년씩 질질 끌려가며 돈을 퍼붓느니, 실상을 정확하게 파악하고 중단시킨 직원에게 보상을 해주는 편이 훨씬 낫다는 것입니다.

이런 구글과 정반대의 사례도 있습니다. 독일 자동차회사 폭스바겐의 마르틴 빈테르코른(Martin Winterkorn) CEO는 직원들에게 앞으로 6주 안에 세계적 수준의 디자인을 뽑아오지 않으면 모두 쫓겨날 각오를 하라고 엄포를 놓았습니다. 승승장구하던 폭스바겐이 '디젤게이트(배기가스 조작 사건)'를 일으키며 한순간에 나락으로 떨어지게 된 요인으로 빈테르코른의 이런 '공포 정치'가 꼽힙니다. 추락하고 실패하는 조직에 공통된 것이 바로 침묵입니다.

에드먼슨은 조직에 심리적 안정감을 구축하기 위한 구체적인 지침을 제시했습니다. 먼저 업무를 바라보는 틀을 새로이 짜야 한다고 말합니다. 더 구체적으로는 '실패'라는 틀을 재정의하는 작업입니다. 실패는 '절대 일어나서는 안 되는 일'이 아니라 '성공하기 위해 반드시 겪어야 하는 일'로 인식돼야 한다고 주장합니다.

리더가 겸손함과 적극적 질문을 통해 구성원에게 다가가는 것도 필요합니다. 리더의 겸손은 구성원에게 베푸는 '혜택'이 아니라 회사의 생존을 위한 필수적인 마음가짐이라는 것을 리더 스스로 깨달아야 합니다. 에드먼슨은 '반대되는 생각은 늘 존재한다'는 태도로 구성원이 다른 의견을 제안할 수 있도록 적극적으로 독려해야 한다고 강조합니다.

에이미 에드먼슨, 최윤영 옮김, 《두려움 없는 조직》(다산북스, 2019)

07

진화한 디테일의 기적

한 지방 기차회사가 망해가고 있었습니다. 이용객이 갈수록 줄어들어 언제 망해도 이상하지 않다는 자조가 직원들 사이에 확산됐습니다. 그랬던 회사에 기적이 일어났습니다. 손님이 거의 끊겼던 기차 노선에 500대 1의 티켓 구매 경쟁이 일어나고, 연간 3,000억 원이 넘는 적자를 내던 회사가 5,000억 원 이상을 벌어들이는 기업으로 바뀌었습니다.

일본 철도회사 JR규슈가 일으킨 기적입니다. 이 회사의 가라이케 고지(唐池恒二) 대표는 회사를 기사회생케 한 요인으로 '아주 작고 사소한 부분까지 집중하는 디테일 전략'을 꼽습니다. 레드오션에서 남들과의 차이점을 만드는 힘, 새로운 시장을 창출하는 방법은 디테일에 있다는 것입니다. 그는 고객이 경험할 일을 설계하고 감동을 주는 것이 디테일 경영의 핵심이라고 말합니다. 실제로도 고객을 위해 단 1그램의 감동 포인트까지 치열하게 계산하는 전략을 짜내는 데 힘을 쏟았습니다.

규슈 각지를 운행하는 초특급 관광열차 나나쓰보시는 그렇게 탄생했습니다. 이용료가 500만 원이 넘는데도 일본인들 사이에 죽기 전 꼭 한 번은 타봐야 할 관광열차로 꼽히게 된 비결은 '디테일의 진화'에 있습니다. 열차 내부 설계부터 이용자 동선을 고려했으며, 창밖 풍경을 감상하기 쉽게 창을 액자처럼 디자인했습니다. 또 좌석 위치에 따라 볼 수 있는 풍경이 한정적이라는 점에 착안해 기차 통로를 지그재그로 만들어 서로 다른 풍경을 볼 수 있게 했습니다.

열차 내 음식에도 디테일을 담았습니다. 점심 식사로 미리 만들어둔 도시락을 제공하는 게 아니라 후쿠오카 최고의 초밥식당 야마나카의 셰프가 승객 앞에서 직접 초밥을 만들어줍니다. 열차 내부를 전통공예 방식으로 수작업한 뒤 옻칠로 반짝반짝하게 관리하기도 하고요. 직원들은 틈틈이 객실 바닥부터 아무도 보지 않는 열차 지붕까지 닦습니다.

가라이케는 망해가던 회사를 회생시키기 위해 무리한 구조조정을 시행하지 않았습니다. 급격하게 노선을 변경하지도 않았습니다. 자신들만의 강점을 고객들에게 보여주는 마지막 한 끗 차이, 디테일의 기술을 적용해 엄청난 변화를 이끌었습니다. 디테일을 중시한다고 해서 업의 본질을 소홀히 한 것은 아닙니다. 그는 본질에 충실할 때 디테일의 가치 역시 함께 빛이 나는 법이라고 강조합니다.

철도회사의 상품은 철도 사업자가 고객에게 제공하는 모든 서비스입니다. 승차한 역에서 하차하는 역까지 이동하는 동안 제공되는 모든 서비스가 상품이죠. 열차 속도, 운행 열차의 수, 열차의 분위기와 디자인이 주는 차량의 쾌적함, 역 설비의 안정성, 표를 파는 직원의 친절, 차내 승무원의 행동 등 모든 것이 상품입니다.

가라이케는 디테일 경영의 세부 행동 전략에는 직원들의 에너지를 최대한 끌어낼 기(氣)가 담겨 있어야 한다고 말합니다. 사람과 조직에 활력을 불어넣어야만 회사가 건강해지고, 그 힘을 바탕으로 자신들의 강점을 고객에게 디테일하게 보여줄 수 있다는 얘기입니다. 이를 위해 강조하는 게 '2미터 이내의 소통'입니다.

"현장을 돌아보며 현장 직원들과 직접 소통하는 게 중요하다. 가능하면 2미터 이내에서 얼굴을 마주한 채 이야기 나누는 것이 가장 좋다. 중요한 회의를 세 번 여는 것보다 단 한 번일지라도 2미터 이내의 가까운 거리에서 이야기를 나누는 편이 훨씬 더 메시지를 잘 전할 수 있다."

가라이케 고지, 정은희 옮김, 《아주 작은 디테일의 힘》(비즈니스북스, 2019)

08

왜 독학이 필요한가

스티브 잡스, 알베르트 아인슈타인, 찰스 다윈, 그레이엄 벨, 루트비히 비트겐슈타인, 토머스 에디슨, 라이트 형제….

세상을 바꾼 이들 혁신가에게는 한 가지 공통점이 있습니다. 독학을 했다는 것입니다. 혁신 기술이 잇달아 등장하는 요즘 독학의 중요성은 더욱 커지고 있습니다. 학교에서 배운 지식만으로는 변화의 속도를 따라가는 것조차 힘들어졌기 때문입니다.

"앞으로 필요한 것은 비판적으로 생각하는 힘이며, 그것을 스스로 익히는 방법이 독학이다."

경영학 학위나 MBA도 없이 세계 1위 컨설팅 회사의 파트너 자리에 오른 야마구치 슈(山口周)의 말입니다. 그는 앞으로의 사회에서는 '지적인 혁명가'가 더욱 요구된다고 말합니다. 현대 사회의 다양한 영역에서 일어나는 피로를 극복하기 위해서는 보다 본질적이고 단단한 뼈대를 이루는 지성이 요구되기 때문입니다. 이런 지성을 육성하기 위해서는 독학의 기술이 필요합니다.

야마구치는 독학을 할 때는 철학이나 역사 같은 '장르'가 아닌 '테마'를 찾는 게 중요하다고 강조합니다. '혁신이 일어나는 조직은 어떤 조직일까?', '기독교는 고뇌하는 직장인을 구원할 수 있을까?'와 같이 논점을 파고들라는 것입니다. 이런 테마들에 대해 나름의 답을 추구해가면서 독학을 해야 하며, '무엇을 인풋할 것인가'는 이들 테마에 대해 어떤 힌트나 깨달음을 얻을 수 있느냐가 판단의 포인트가 된다는 것입니다.

이런 '인풋'은 폭넓은 독서를 통해 얻을 수 있다며 다독을 권합니다. 분야를 막론하고 강한 호기심을 가지고 닥치는 대로 읽어야 한다는 것입니다. 요즘에는 '한 분야만 잘 아는 전문 바보'가 늘어나고 있는데 그것이 사회 전체의 혁신을 가로막고 있다는 지적도 내놓습니다.

애플이 아이폰으로 휴대전화 산업에 뛰어든 것은 2007년의 일입니다. 당시 휴대전화 분야에서 오랫동안 사업을 해온 기업들은 순식간에 시장 점유율의 절반을 빼앗기고 말았습니다. 이른바 전문가들이 초보였던 애플에 무릎을 꿇은 것이지요.

독학으로 교양을 익힐 때 명심해야 할 게 있습니다. 무엇을 위한 교양인지 생각해봐야 한다는 것입니다. 단순히 콤플렉스를 가리기 위한 것이거나 안이한 교양주의로 도피해서는 곤란합니다. 스티브 잡스는 "진짜 아티스트는 상품을 내놓는다"라고 말했습니다. 디자인에 관해 연설을 늘어놓는 것이 아니라 실제 상품으로 세상에 충격을 줘야 합니다. 그런 사람이 진정한 교양인입니다.

야마구치 슈, 김지영 옮김, 《독학은 어떻게 삶의 무기가 되는가》(메디치미디어, 2019)

09

경영은 지휘이자 작곡이다

"MBA는 그동안 세상이 얼마나 많이 변했는지 이해하지 못하고 실수를 저질렀다."

하버드대학교 경영대학원의 제이 라이드 학장이 100주년 기념 행사에서 한 말입니다. 경영사상가로 불리는 헨리 민츠버그(Henry Mintzberg) 맥길대학교 교수는 한발 더 나아가 MBA가 회사를 망친다고 경고하기도 했습니다. MBA가 의사결정과 전략 수립을 위한 분석에 치중하는 나머지 실제 경영에서 조직의 역량을 향상시키는 데 큰 도움을 주지 못한다는 의미입니다.

민츠버그는《이것이 경영이다》에서 경영의 본질은 인간의 생활처럼 자연스러운 것이라고 강조했습니다. 조직 구성원의 노력을 조화시키고, 복잡한 사회 시스템에서 나아갈 방향을 제시하며, 구성원들이 업무를 완료할 수 있도록 지원하는 것이라고 말입니다.

한마디로, 경영은 자연스러워야 합니다. 경영자라는 개념을 경영자 자신은 물론, 그로부터 영향을 받는 모든 직원도 이해할 수 있어야 합니다. 그래야 조직의 역량이 강화될 수 있습니다.

경영에는 여러 측면이 있습니다. 민츠버그는 경영은 통제이기도 하고, 수행이기도 하고, 교섭이기도 하고, 사고(思考)이기도 하고, 리딩(leading)이기도 하고, 의사결정이기도 하며, 그 외에도 많은 것을 포함한 개념이라고 말합니다. 이런 개념을 단순히 더하는 게 아니라, 섞어서 하나로 융합해야 한다고 주장합니다.

"사고의 속성은 무겁다. 생각을 너무 많이 하면 경영자의 역량이 약화될 수 있다. 반대로 행동의 속성은 가볍다. 행동을 너무 많이 하면 자기 자리를 잃어버릴 수도 있다. 리딩이 지나치면 내용, 목표, 구성, 실행이 없는 업무로 전락할 수 있다. 커뮤니케이션만 하는 경영자는 어떤 업무도 제대로 완수할 수 없다. 반대로 수행만 하는 경영자는 혼자서 업무를 도맡아 하게 된다. 통제만 하는 경영자는 '예스맨'만 있는 빈껍데기 조직을 통제할 위험에 처한다."

경영자를 흔히 오케스트라의 지휘자로 비유하는데, 민츠버그는 다른 관점을 제시합니다. 지휘자는 작곡가가 지은 악보를 읽는 통역사의 역할에 머물지만, 경영자는 지휘자인 동시에 작곡가의 역할까지 해야 한다는 겁니다. 모든 경영자는 일을 만들어가야 할 뿐만 아니라 그 일을 직접 해나가야 합니다.

경영자의 길은 고독합니다. 경영은 난제로 가득 차 있으며 결코 끝나는 법이 없습니다. 하나가 끝난 것처럼 보일 때면 또 다른 문제가 물밀 듯이 밀려들지요. 그러므로 경영자에게는 때때로 연기력이 필요합니다. 자신이 가고 있는 길에 대한 확신이 없을 때조차 자신이 어디로 가고 있는지 알고 있다는 인상을 심어줘야 합니다.

헨리 민츠버그, 김진희 옮김, 《이것이 경영이다》(한빛비즈, 2019)

10

후지필름에 무슨 일이 일어났나

세계 최대 필름회사였던 이스트먼코닥이 2012년 법원에 파산보호를 신청하며 무너졌습니다. 디지털카메라의 등장으로 사진 필름 시장이 10년 새 10분의 1로 줄어든 결과입니다. 그런데 라이벌 기업이었던 후지필름은 달랐습니다. 구조조정과 신사업 발굴을 통해 살아남았을 뿐 아니라 오히려 더 탄탄한 회사로 진화했습니다. 2017년 매출 2조 4,334억 엔(약 24조 원)에 영업이익 1,307억 엔(약 1조 3,000억 원)을 거뒀습니다.

여기에는 고모리 시게타카(古森重隆) 후지필름 회장이 지대한 역할을 했습니다. 우선 단순한 구조조정에 그치지 않고 기존 필름 기술을 활용할 수 있는 신사업을 필사적으로 발굴해냈습니다. 의료용 엑스레이 기기를 비롯해 재생의료, 디스플레이 재료, 복합기 프린터와 연계한 솔루션 서비스 사업 등에 뛰어들어 성과를 냈습니다.

지금 와서 결과만 놓고, 애초에 할 만한 사업을 찾아낸 거 아니냐고 깎아내리는 사람도 있을 것입니다. 그러나 급변하는 상황에서 미지의 영역에 대한 도전을 진두지휘하는 일은 쉽지 않습니다. 고모리는 위기 상황을 타개할 새로운 경영 관리 방식부터 고안해 냈습니다. 전통적 경영 관리 기법인 PDCA(plan-do-check-action: 계획-실천-확인-조치)가 아닌 STPD(see-think-plan-do)를 개발했습니다. 'P' 앞에 'S'와 'T'를 두었는데요, 이는 계획(plan)을 세우기 전에 더 자세히 보고(see), 생각(think)해야 한다는 의미입니다.

그는 회사의 최종 책임자로서 가졌던 절박함과 치열함을 이렇게 설명합니다.

"일인자는 진검(眞劍: 진짜 칼) 승부, 이인자 이하는 죽도(竹刀: 대나무로 만든 연습용 칼) 승부를 한다. 최고경영자가 지는 것은 회사가 지는 것과 같다. 자기 자신도 끝이지만 회사에도 피해가 간다. 그렇기 때문에 실패는 절대로 용납될 수 없다."

'인간이니까 실수할 수도 있지' 같은 생각을 가지면 경영자 자리를 견뎌낼 수 없다는 뜻입니다. 한마디로, 조직의 일인자와 이인자 이하는 책임의 무게가 다르다는 얘기입니다. 이인자는 실패하더라도 뒤에 일인자가 있지만, 일인자가 실수하면 회사가 휘청거리게 됩니다. 그러므로 일인자는 항상 긴장감을 안고 진검승부를 펼쳐야 하며, 그 싸움에서 절대로 져서는 안 됩니다.

세상은 싸움터이며 패배해서는 안 된다는 게 경영자로서 고모리의 철칙입니다. 다만, 수단과 방법을 가리지 않고 이기는 것만 생각해서는 안 된다고도 강조합니다. 인간관계가 악화되거나 약자가 학대당하는 세계로 변하는 것은 경쟁과 싸움이 원인이 아니라 '덕(德)의 부재'에서 비롯된다며 이렇게 말합니다.

"부모님은 단순하면서도 정말로 소중한 것을 나에게 가르치셨다. 도리에 어긋나는 일을 하지 말라. 비겁한 짓을 하지 말라. 정직해라. 거짓말을 하지 말라. 패배하여 울지 말라. 약자를 괴롭히지 말라. 타인에게 폐를 끼치지 말라. 자세를 바르게 해라."

이 가르침이 고모리의 신조로 자리매김했고, '덕의 경영'을 하는 것은 이것만으로도 충분하다고 강조합니다.

고모리 시게타카, 플리토 전문번역가그룹 옮김, 《후지필름, 혼의 경영》(한국CEO연구소, 2019)

11

인기(人氣)가 아니라 인망(人望)이다

"오늘 온 손님들을 기쁘고 즐겁게 해드리지 못한다면 다음 기회는 없다. 어떻게 하면 기쁘게 해드릴까, 온 힘을 다해 고민하고 행동하 겠다는 의지다."

간판이 없고, 홍보를 하지 않으며, 입구도 잘 보이지 않는 가게 가 있습니다. 일본 시즈오카현에 있는 이자카야 '오카무라 로만' 이 야기입니다. 대를 이어 이런 '3무(無) 영업'을 하고 있는데도 손님 이 끊이지 않습니다. 찾는 사람이 많아 점포를 일곱 곳으로 늘렸습 니다.

오카무라 로만의 오카무라 요시아키(岡村佳明) 사장은 성공 비결 이 '장사의 기본'을 바로 세운 데 있다고 말합니다.

"성공하려면 기본으로 돌아가야 한다. 단골손님은 상품이 아니라 감동을 찾는다. 직원은 지도가 아니라 응원을 원한다. 백년 가게는 사장이 아니라 사람이 만든다."

메뉴와 서비스, 이벤트를 궁리하기 전에 원칙을 세우고, 손님을 위하고, 직원을 챙기는 태도가 더 중요하다는 말입니다.

오카무라 사장은 장사란 '(손님이) 어떻게 오게 할 것인가'보다 '어떻게 돌아가게 할 것인가'를 고민하는 것이라고 이야기합니다. 가게의 매력은 흘러가는 '인기'가 아니라 두터워지는 '인망(人望: 세상 사람이 우러르고 따르는 덕망)'에서 나온다는 것입니다. 인기는 어느 특정 시기에 어떤 개성을 가진 사람이 시의적절하게 나타났을 때 누릴 수 있는 반면, 인망은 한순간이 아니라 평생 지속된다고 강조합니다. 인망은 당연한 일을 마음을 담아 실행에 옮길 때 자연스럽게 쌓이는 법이지요.

지금 우리는 '물질의 시대'가 아니라 '마음의 시대'를 살고 있습니다. 식당이 맛있는 음식을 내놓는 것은 당연하고, 미용실이 커트를 잘하는 것도 당연합니다. 이제는 손님에게 얼마나 마음을 줄 수 있느냐가 중요한 시대입니다. 이런 시대에 성공하려면 '누구나 할 수 있는 일'을 '누구도 할 수 없을 만큼 해내는 것'이 중요합니다. 오카무라 로만에서는 손님이 부탁한 일을 하는 것을 '작업'이라고 하고, 손님이 부탁하기 전에 해드리는 것을 '일'이라고 생각한답니다.

오카무라 사장의 경영 철학을 요약하면 '사람 모으기'가 아닌 '사람 모여들게 하기'입니다. 인맥은 만드는 게 아니라 생기는 것이라는 뜻입니다. 그렇게 하려면 직원들이 마음을 다해 일해야 합니다. 리더가 앞에 나서지 않고 뒤에서 밀어줄 때 그런 환경이 조성됩니다. 리더는 주도하는 사람이 아니라 지원하는 사람입니다. 팀원들을 아래에서 한껏 밀어 올려주면 됩니다. 리더가 그런 역할을 자처할 때 조직은 발전하고 번창합니다.

어떤 생각으로 살아가느냐에 따라 인생은 극적으로 달라집니다. 일을 할 때도 마찬가지입니다. '받아야지'라는 생각으로 일하는 것과 '주어야지'라는 생각으로 일하는 것은 결과에서 큰 차이를 가져옵니다. 자기 즐거움을 위해 사는 인생이 아니라 누군가의 삶을 풍요롭게 하는 삶, 그는 이 심오한 명제를 묵묵히 행동으로 보여준 어머니로부터 배웠다고 말합니다.

오카무라 요시아키, 김윤희 옮김, 《장사의 기본》(부키, 2019)

12

좋은 이익이 주는 선물

찰스 G. 코크(Charles G. Koch)가 이끄는 코크인더스트리즈는 60개 국 10만 명의 직원을 거느린 세계 최대 규모의 비상장 에너지 회 사입니다. 코크는 1967년 이 회사 경영을 맡은 이후 기업 규모를 2,100만 달러에서 1,000억 달러로 5,000배 성장시켰습니다.

수많은 기업이 명멸하는 동안 살아남아 놀라운 성장을 지속해온 비결은 특별하지 않습니다. '사람들이 저마다 자신의 능력을 최고 도로 발휘하도록 유도하는 경영 방식'을 끝없이 고민하고 개선해 온 결과입니다.

코크는 이를 '좋은 이익(good profit)', 즉 《굿 프로핏》이라는 경영 교본으로 정리했습니다. 핵심은 '좋은 이익이야말로 최고의 경영 가치'라는 것입니다.

"소비자와 사회에 기여하는 것이 궁극적으로 기업의 장기적인 성장에 큰 도움이 된다. 기업은 소비자에게 기여하기 위해, 소비자가 가치 있게 생각하는 것을 저렴하게 제공하려고 애쓴다. 그 과정에서 자원은 가장 효율적으로 활용되고, 소비자와 사회가 혜택을 보는 것이 좋은 이익의 선순환 구조다."

당연한 말 같지만 제대로 실천하기는 쉽지 않습니다. 고객의 니즈를 파악하고 끊임없이 혁신하는 것은 굉장히 어려운 일이니까요. 그 때문에 많은 기업이 '나쁜 이익'의 유혹에 빠져 자멸의 길을 걷습니다. 정부 정책을 통해 이익을 취하고 현실에 안주하며, 높은 가격으로 소비자에게 부담을 떠넘기고, 불공정한 담합으로 사회에 피해를 주는 기업들이 적지 않습니다. 하지만 나쁜 이익은 당장은 기업에 이득일지 모르지만, 장기적으로는 기업을 반드시 망하게 합니다.

코크는 좋은 이익을 달성하는 방법으로 시장 중심 경영의 다섯 가지 원칙을 제시합니다.

- 환경에 구애받지 않는 확실한 비전을 갖춰라.
- 도덕성과 재능을 고루 갖춘 인재를 선발하라.
- 도전정신을 높게 평가하고 지식을 공유하는 문화를 구축하라.
- 직책이나 직급이 아닌 기여도와 적합성에 따라 결정권을 부

여하라.

- 적확한 인센티브 제도를 통해 최대한의 성과와 동기부여를 이끌어라.

다섯 가지 원칙은 코크인더스트리즈가 성장하는 동안 겪은 수많은 어려움과 실패가 밑바탕이 됐습니다. 인명피해를 낸 가스관 폭발과 불공정거래 의혹, 내부자의 허위고발로 인한 소송 사태 등 숱한 난제와 부딪히며 이를 극복해오는 과정에서 다듬어진 것입니다. '결정권'에 대한 통찰도 그 산물입니다. 매일 제품을 생산하는 공장의 경우, 경영진이 현장 실무자만큼 현지 상황을 정확하게 파악하기는 힘듭니다. 그러므로 공장 운영을 최적화하려면 직급과 관계없이 그들에게 더 많은 결정권을 부여해야 합니다.

성공 못지않게 실패에서도 배우려면 지식의 공유가 필수적입니다. 사업이든 경제든 실험과 실패를 거치지 않고서는 발전할 수 없기 때문입니다. 코크는 실험보다 거창한 계획을 선호하는 사람은 실패한 실험이 갖는 역할을 이해하지 못한다면서, 실패를 피하려다가는 더 큰 실패를 만날 수 있다고 경고합니다.

찰스 G. 코크, 이경남 옮김, 《굿 프로핏》(알키, 2019)

13

당연한 것을 당연하게, 마법은 없다

일본의 생활용품 브랜드 무인양품(無印良品·MUJI)은 "본질만 남기고 군더더기는 과감하게 버린다"라는 디자인 철학으로 글로벌 기업 반열에 올랐습니다. 세계 26개국에서 '무지 신화' 돌풍을 일으키고 있지만, 1980년 출범 이후 걸어온 길이 순탄하지만은 않았습니다.

1995년 증권시장에 상장한 이후 조직이 경직되기 시작하더니, 질적 성장 없이 무리하게 사업 확장을 추구하는 바람에 큰 위기를 맞았습니다. 2001년엔 창사 이래 처음으로 적자를 냈고, 1만 7,350엔까지 올랐던 주가가 1년 만에 2,750엔으로 곤두박질쳤습니다.

이 시점에 마쓰이 타다미쓰(松井忠三)가 무인양품 사장으로 취임했습니다. 그는 회사의 근본적인 문제들을 꼼꼼히 살폈고, 개선을 위해 실행 가능한 일들을 수첩에 적었습니다. 불량재고 발생을 방지하는 방법을 찾아내고, 물류창고에 쌓여 있던 불량품을 모두 소각했습니다. 무리하게 문을 열어 적자 늪에 빠진 매장들을 정리했습니다. 디자이너들과 머리를 맞대 제품개발 시스템도 바꿨습니다. 마쓰이의 취임 1년 뒤 무인양품은 흑자 전환에 성공했습니다.

마쓰이는 무인양품을 기사회생케 한 비결을 묻자 이렇게 답합니다.

"안타깝게도 그것을 단숨에 가능케 하는 묘약은 없다. 당연한 것을 당연하게 지속한 결과가 성과로 이어진 것뿐이다."

새롭고 혁신적인 경영 시스템을 도입한 게 아니라 계획(plan)하고 실행(do)하며 평가(check)하고 개선(act)하는, 모든 일의 가장 기본적인 것을 끊임없이 반복 실행해 '실행률 100퍼센트'의 조직을 만들고자 했다는 것입니다.

마쓰이는 어린아이처럼 당연한 것을 꾸준히 해내는 조직이 강하다고 강조합니다. 조직과 개인의 진화는 실행 100퍼센트를 통해서만 가능하다는 것입니다. 이를 위해서는 철두철미한 계획을 세워 과감하게 실행하고, 점검을 통해 다음에는 먼젓번보다 더 나은 결과를 내려는 자세가 필요하다고 말합니다. 경영에서 가장 어려운 것은 공세를 가할 때라는 경고도 잊지 않습니다.

"팽창하는 게 아니라 품질이 수반되는 성장을 하려면 순항 속도를 넘어서는 성급한 확대는 금물이다."

이렇게 철저한 '매뉴얼 경영'을 강조하지만, 업무 매뉴얼을 제본해서 쓰는 것에는 반대합니다. 제본돼 있다는 것은 내용이 전혀 변하지 않는다는 말과 같기 때문이라는 것입니다. 어떤 기업이 좋은 기업인가에 대한 관찰담도 새길 만합니다.

"따로 데이터가 있는 것은 아니고 내 경험칙이지만, 바닥에 쓰레기가 굴러다니는 기업은 실적이 좋은 기업이라고 볼 수 없다. 실적이 좋은 기업은 사내에 티끌 하나 떨어져 있지 않다."

마쓰이 타다미쓰, 박제이 옮김, 《기본으로 이기다, 무인양품》(위즈덤하우스, 2019)

14

투명하게 개방하라, 극단적으로

헤지펀드의 젊은 직원이 명백한 실수로 회사에 수십만 달러의 손실을 입혔습니다. 고객을 대신해 주문해야 한다는 사실을 깜빡 잊고 현금을 그대로 보관한 것입니다. 자산운용이 핵심 업무인 회사에서 해서는 안 될 잘못을 저지른 겁니다. 이 친구를 어떻게 해야할까. '큰 손실을 초래한 실수는 용납되지 않는다'는 회사 분위기와 규율을 확실히 하기 위해 단호하게 해고해야 할까.

회사 CEO는 다른 결정을 했습니다. '오류 기록' 시스템을 개발했습니다. 해고 조치는 다른 직원들이 실수를 숨기게 해 나중에 더큰 손해를 불러올 수 있다고 판단했기 때문입니다. 일을 더 잘하기위해 무엇을 해야 하는지를 배우려면, 모든 실수와 견해차를 솔직히 이야기하게 해야 한다는 생각이었습니다.

투자회사 브리지워터 CEO 레이 달리오(Ray Dalio)의 이야기입니다. 1975년 침실 두 개짜리 아파트에서 창업한 그는 회사를 1,600억 달러(약 180조 원)를 운용하는 세계 최대 헤지펀드로 키웠습니다. '고통 + 반성= 발전'이라는 방정식을 제시하고, 철저하게 실천한 덕분입니다.

창업 초기였던 1980년대 초 맞은 위기가 그의 눈을 확 뜨게 해 줬습니다. 시장 예측이 빗나가 큰 손실을 보는 바람에 직원들 월급을 줄 수 없어서 모든 직원을 떠나보내야 했습니다. 달리오는 그것이 인생의 전환점이었다고 회고합니다. 파산하지 않고 성공하고 싶다면 자신을 객관적으로 보고 변해야 한다는 걸 깨달았다고 합니다.

달리오는 '내가 옳다'라는 생각에서 '내가 옳다는 것을 어떻게 알 수 있을까?'라는 질문으로 사고방식부터 바꿨습니다. 이 질문에 답을 구하기 위해선 독립적으로 사물을 보는 전문가들과 의견을 나눠야 한다는 원칙을 세웠습니다. 자신이 놓치고 있는 것을 다른 사람에게서 들으려면 극단적으로 개방적이어야 한다고 생각했습니다.

달리오의 남은 목표는 '내가 없어도 브리지워터를 성공하는 조직으로 만드는 것'입니다. 그래서 브리지워터 고유의 문화가 유지되는 원칙을 세우는 데 주력해왔습니다. 2006년부터 60여 개 원칙을 회사 내부에 공유했고, 이를 토대로 212개의 원칙을 구체화했습니다. 원칙에서 중요한 축 하나가 개방성이고, 나머지 하나는 투명성입니다. 브리지워터에선 모든 회의를 녹화합니다. 나중에 다시 보며 객관적인 관점에서 배우기 위해서입니다.

이렇게 극단적인 투명성을 강조하는 회사에 직원들이 적응하기는 쉽지 않습니다. 회사 문화에 익숙해지기까지 1년 6개월에서 2년이 걸린다고 합니다. 〈뉴욕타임스〉는 그 과정에서 3분의 1의 직원이 퇴사한다고 보도했습니다. 하지만 그러고 나면 기업의 문화에 적합한 사람들이 남아 문화를 유지하고, 더 발전시켜나갑니다. 시간이 갈수록 극단적인 투명성이 기업문화로 단단히 자리 잡게 됩니다.

레이 달리오, 고영태 옮김, 《원칙》(한빛비즈, 2018)

15

강풍이 불 때 강한 풀을 안다

어느 학교 교실에서 선생님이 칠판에 아주 긴 문제를 적어나갔습니다.

1 + 2 + 3 + ….

1부터 100까지 덧셈으로 이어진 숫자를 쓴 뒤 돌아서는 순간, 한 소년이 손을 들었습니다.

"답은 5,050입니다."

'1과 100, 2와 99, 3과 98…' 식으로 101의 합계가 나오는 50개 묶음으로 순식간에 계산해낸 이 학생은 훗날 대수 · 해석 · 기하학 등 여러 방면에서 뛰어난 업적을 남긴 19세기 독일 수학자 카를 가우스였습니다.

가우스가 개별 숫자 속으로 들어가지 않고 전체를 한 덩어리로 봤듯이, 문제와의 거리를 두고 문제 자체의 틀을 봐야 합니다. 멀리서 봐야 전체가 보입니다.

일본 신에츠화학공업에서 28년째 CEO 자리를 지키고 있는 가나가와 치히로(金川千尋) 회장은 문제를 멀리서 보는 거시의 안목으로 유명합니다. 때로는 철저하게 디테일을 챙기는 집요함까지 갖춰 아흔이 넘은 나이에도 건강한 현역으로 세계 1위 PVC 기업을 이끌고 있습니다. 그는 PVC 및 실리콘웨이퍼 제조 부문 세계 1위, 13년 연속 최고이익 경신, 세계 각국 직원 2만여 명의 글로벌 기업을 일궈낸 비결을 《가나가와 치히로의 경영 성공 철학 100가지 비법》으로 정리해냈습니다.

"늘 전쟁터에 있다는 마음가짐으로 경영 현장에서는 전장에서처럼 잠시라도 긴장을 늦추지 말아야 한다. 최고이익을 경신하는 순간에도 방심하지 않았다."

가나가와는 타성은 기업 경영의 커다란 적이라고 강조합니다. 경영자의 눈을 멀게 하며, 비합리적인 관행을 그대로 방치하게 하기 때문입니다. 클레임, 즉 고객 불만을 오히려 하늘이 준 기회로 여깁니다. 클레임에 성실하고 진지하게 대응함으로써 회사를 한 단계 더 성장시키는 계기가 된다는 것입니다.

가나가와는 신입사원 입사 프로그램에 신입사원이 질문하고 회장이 답변하는 순서를 집어넣어 운영하고 있습니다. 회장이나 사장이 일방적으로 이야기하는 훈시를 듣는 수동적인 자세가 아니라, 스스로 생각하는 소중함을 신입사원들에게 이해시키기 위한 시간이죠. 상대방에게 질문을 하려면 자기가 먼저 깊이 생각해봐야 하기 때문입니다.

가나가와의 100가지 경영 철학 가운데 눈에 띄는 몇 가지를 골라봤습니다.

- 늘 최악의 상황을 가정해 경영에 임한다.
- 다수결의 결정이 반드시 옳은 것은 아니다.
- 강풍이 불 때 강한 풀을 안다.
- 조령모개형 경영자가 오히려 낫다.
- 안이한 방법을 버리고, 좁은 문으로 들어가라.
- 진짜 인재 육성 방법은 스스로 해결하고 성장해가도록 하는 것이다. 사원 스스로 생각하게 만들어라.

박병하, 《수학의 감각》(행성B, 2018)
가나가와 치히로, 최인한 · 김종필 옮김, 《가나가와 치히로의 경영 성공 철학 100가지 비법》(중앙경제평론사, 2018)

16

천재 예술가가 빚에 시달린 이유

2018년에 연극 〈아마데우스〉가 국내 무대에 다시 한번 올라 화제를 모았습니다. 천재 음악가 볼프강 아마데우스 모차르트의 짧고 가난했던 삶을 다룬 연극입니다. 모차르트는 다섯 살 때 피아노협주곡, 열여섯 살 때 오페라를 작곡하면서 일찍부터 이름을 알렸습니다. 그런데도 서른다섯 살에 요절할 때까지 빚에 시달렸습니다. 시신이 빈민구역에서 다른 시체들과 함께 매장돼 찾을 길조차 없는, 기막힌 신세로 세상과 작별했습니다. 200여 년이 지난 지금까지도 추앙받는 음악가인데 왜 그토록 가난한 삶을 살았을까요?

'빛과 어둠의 화가'로 불렸던 또 한 명의 천재 예술인, 렘브란트의 삶도 크게 다르지 않았습니다. 렘브란트는 스무 살에 직업화가의 길로 들어서 30대에 부잣집 딸과 결혼하는 등 물질적 풍요를 누렸습니다. 하지만 서른일곱 살 때부터 빚 독촉에 시달리기 시작해 쉰 살에 파산선고를 받았고, 10여 년간 외롭게 살다가 굶어 죽었습니다. 그의 나이 예순여섯이었죠.

두 사람의 인생은 묘하게 닮았습니다. 모차르트가 많은 작품을 남길 수 있었던 것은 안정된 일자리를 얻을 수 없어 프로 작곡가가 될 수밖에 없었기 때문입니다. 렘브란트가 100점 이상의 자화상 작품을 남긴 이유 역시 모델을 고용할 돈이 없었기 때문이고요.

그들이 예술에서 성공을 거둔 것과 달리 어두운 인생을 보내야 했던 까닭도 닮은꼴입니다. 가난의 첫 번째 원인은 비용 관리 실패에 있었습니다. 그들의 수입은 적지 않았습니다. 서른 살일 때 모차르트의 수입은 또 다른 천재인 하이든의 세 배가 넘었다고 합니다. 렘브란트도 마찬가지였죠. 그에겐 수강료를 내는 많은 제자가 있었고, 유명 인사들도 그의 작품을 사랑했습니다. 그러나 렘브란트는 사치스러웠고, 모차르트는 도박에 빠져 있었습니다. 아무리 버는 돈이 많아도 쓰는 돈이 더 많으면 버틸 재간이 없게 마련입니다.

그들은 현재의 수입에서 소비할 수 있는 규모를 판단한 것이 아니라, 미래 수입까지 고려해 돈을 지출한 것으로 보입니다.

"이 작품이 팔리면 돈이 들어올 거야. 일단 사야지."

"이 오페라만 성공하면 모든 빚을 갚을 수 있어. 돈 좀 빌려줘."

그들의 천재성은 오만으로 이어졌고, 나쁜 생활습관은 잘못된 돈 관리로 이어졌습니다.

모차르트와 렘브란트를 반면교사로 삼은 기업이 있습니다. 아마존입니다. 아마존은 비즈니스 생태계에서 매우 희귀한, '괴물 같은 기업'으로 꼽힙니다. 창업 31년 만에 세계 최강 IT(정보기술) 기업으로 올라섰지만, 근검절약 문화를 철저하게 유지하고 있습니다. 이런 태도는 단순히 비용 절감에만 영향을 미치는 것이 아니라, 조직 구성원이 창업정신을 잊지 않게 하는 데에도 도움이 된다고 합니다.

1997년에도 그랬듯이 베조스는 지금도 여전히 매일이 아마존의 첫날이라고 믿으며, 공룡 같은 존재가 되었음에도 일반적인 신생 스타트업에서나 보일 법한 비용 절감의 자세로 회사를 경영합니다. 천재적인 예술가와 치열한 기업가의 삶을 똑같이 놓고 볼 수는 없겠지만, 성취에 따르는 교만을 경계하며 초심을 놓치지 않는 아마존의 기업문화는 새겨둘 만합니다.

17

우리 조직의 영혼은 무엇인가

세계 최고 IT 기업으로 군림했던 마이크로소프트가 2010년대 들어 심각한 암흑기를 맞았습니다. '필살기'였던 컴퓨터 운영체제 (OS)에 발목을 잡힌 탓이었습니다. 모바일 시장이 폭발적으로 성장한 반작용으로 PC 시장이 급속히 위축됐지만 돌파구를 찾지 못했습니다. 스마트폰 시장은 애플이 석권했고, 모바일 애플리케이션 프로세서(AP)는 구글의 안드로이드에 주도권을 내줬습니다.

창업자 빌 게이츠에 이어 CEO를 맡았던 스티브 발머(Steve Ballmer)가 이런 상황에 책임을 지고 2014년 초 퇴임했습니다. 누가 후임을 맡을지에 세간의 관심이 쏠렸습니다. 포드자동차를 기사회생시킨 앨런 멀럴리(Alan Mullaly) 같은 외부 인사가 구원투수로 등장할 것이라는 예상이 많았지만, 뜻밖의 인물이 나타났습니다. 22년 전 이 회사에 평사원으로 입사한 인도 이민자 출신 엔지니어, 사티아 나델라(Satya Nadella)였습니다.

나델라는 CEO로 취임하자마자 마이크로소프트를 모바일 클라우드 기업으로 과감하게 변모시켰습니다. 플랫폼 비공개주의 등 폐쇄적이었던 기업문화를 '개방'과 '연결'로 뜯어고쳤습니다. 결과는 놀라웠습니다. 나델라가 취임한 2014년 이후 마이크로소프트의 주가는 60퍼센트 이상 상승했습니다. 이 회사는 인프라, 플랫폼, 소프트웨어 등 모든 클라우드 서비스를 통합 집계한 부문에서 세계 1위 기업으로 올라섰습니다.

나델라가 마이크로소프트를 바꿔나간 과정에서 키워드는 '새로고침'이었습니다. 그 자신 역시 변화와 혁신의 은유적 표현으로 새로고침이란 말을 자주 썼습니다. 웹브라우저에서 '새로고침(F5)'을 누르면 업데이트된 페이지가 열리듯이, 본질이라는 토대 위에 변화와 혁신을 새롭게 덧입힌다는 의미입니다.

나델라는 '질문과 경청'을 통해 회사를 고쳐나갔습니다. CEO에 취임한 뒤 임직원들에게 첫 번째로 한 질문은 이것이었습니다.

"마이크로소프트가 존재하는 이유는 과연 무엇인가?"

그리고 '기업의 구성원은 무엇을 위해 일하는가', '이 사회에서 기업은 어떤 목표를 향해 나아가야 하는가' 등의 질문을 이어갔습니다. 직위와 소속을 가리지 않고 수백 명의 임직원을 만났는데, 그들은 한목소리로 이렇게 답했습니다.

"우리는 경쟁자를 좇는 대신 다시 한번 선두에 서고 싶습니다. 명확하고 구체적이며 고무적인 비전을 갖고 싶습니다."

나델라는 이 과정을 통해 마이크로소프트가 독보적인 인공지능 기술 같은, 언론이 극찬하는 실리콘밸리 기술을 보유하고 있음에 주목하게 됐습니다. 회사를 환골탈태시킨 '모바일 퍼스트, 클라우드 퍼스트(Mobile first, cloud first)'라는 새로운 비전은 그렇게 해서 탄생했습니다.

'마이크로소프트 영혼의 재발견.'

나델라가 패배 의식에 젖어 있던 직원들에게 열정과 사명감을 불어넣고, 관성에 빠진 조직문화를 쇄신하기 위해 던진 화두였습니다. 회사와 임직원 각자의 사명을 새롭게 정의하는 작업도 벌였습니다. 우리가 몸담고 있는 조직에도 던져볼 만한 화두가 아닐까 하는 생각이 듭니다.

사티아 나델라, 최윤희 옮김, 《히트 리프레시》(흐름출판, 2018)

18

넷플릭스 돌풍의 비결, '제1 원칙 사고'

휴가를 언제든지, 원하는 만큼 다녀올 수 있는 회사가 있습니다. 출근은 해도 그만, 안 해도 그만입니다. 출장을 비롯한 업무 비용은 제약 없이 쓸 수 있습니다. 연말 인사고과도 하지 않습니다. 그러면서도 급여는 최고 수준입니다.

소설 속 얘기가 아닙니다. 미국 인터넷 동영상 스트리밍 서비스 회사인 넷플릭스가 그렇게 하고 있습니다.

넷플릭스는 전통적인 인적자원(HR) 관리의 통념을 깬 인재 관리 원칙을 운영하고 있습니다. 연말 성과평가와 근무 시간, 휴가, 업무 비용 처리 등과 관련한 세부 가이드라인이 없습니다. 대신 한 가지 분명한 원칙이 있습니다. '회사에 가장 이득이 되는 방향(Act in Netflix's best interests)'으로 결정하라는 것입니다. 넷플릭스의 인재

경영 철학을 한마디로 요약하면 '어른답게(adult-like)'입니다.

최대한의 자율성을 부여한 만큼 '어른다운' 책임을 묻습니다. 기술 발전을 따라가지 못해 도태되거나 성과를 내지 못하면 회사를 떠나야 합니다. 창업 초기 멤버라거나 열심히 일해왔다는 것은 고려사항이 되지 못합니다. 대신 퇴직금은 두둑이 챙겨줍니다. '오직 최고의 인재만 채용한다'는 원칙을 지키는 것입니다.

세계 최초로 스트리밍 서비스 시장을 개척하면서 돌풍을 일으키고 있는 넷플릭스는 2017년에 이미 가입자가 1억 명을 돌파하면서 미국 전체 케이블방송 가입자 수(4,800만 명)를 두 배 이상 넘어섰습니다. 2002년 기업공개(IPO)를 한 이후 주가가 1만 6,000퍼센트 치솟았고, 2015년 3,700명이던 직원은 1년 새 4,700명으로 늘었습니다.

리드 헤이스팅스(Reed Hastings) CEO는 "우리의 최대 경쟁자는 기존 방송사가 아니라 사람들의 잠(sleep)"이라고 선언하며 임직원들에게 '제1 원칙 사고'를 강조했습니다. '제1 원칙 사고'란 그리스 철학자 아리스토텔레스가 사용했던 사고방식으로, 일반 상식에 근거해 사고하는 것과 달리 문제의 근원에서부터 생각하는 것을 말합니다. 맹목적으로 지시를 따르거나 기존 처리 과정을 고수하기보다 '무엇이 최선일까', '다른 방법은 없나'를 끊임없이 자문하다 보면 문제의 본질을 파헤칠 수 있게 된다는 것입니다.

"당신이 생각할 때 회사를 위해 최선인 것을 하라. 가이드라인

같은 것은 없다."

헤이스팅스는 이런 기업문화와 채용 및 인재 관리 원칙을 담은 문서(culture deck)를 125개짜리 슬라이드로 제작해 2009년 온라인을 통해 외부에도 공개했습니다. 지금까지 1,700만 회나 조회됐다고 합니다. 페이스북의 셰릴 샌드버그((Sheryl Sandberg) 최고운영책임자(COO)가 "실리콘밸리에서 가장 중요한 문서"라고 평가하기도 했죠. 현재까지도 넷플릭스는 이 원칙을 지키면서 나날이 성장해가고 있습니다.

19

기본이 충실한 회사는 무너지지 않는다

이나모리 가즈오 교세라 명예회장은 몇 년 전 만화에서나 나올 법한 이야기의 주인공이 돼 세계적인 주목을 받았습니다. 2010년 다 죽어가던 일본항공(JAL) 회장으로 취임해 2년 8개월 만에 극적인 'V자 회복'을 이뤄내고 물러난 겁니다.

JAL은 한때 세계적인 항공사로 명성을 떨쳤지만 '관료보다 더 관료적인 조직'으로 불릴 만큼 회사 기강이 해이해져 파국을 맞았습니다. 여덟 개에 달하는 노동조합이 누적된 적자를 아랑곳하지 않은 채 처우 개선 경쟁에 매달렸고, 그 결과 쌓인 천문학적인 부채를 견디지 못하고 일본 사상 최대 규모 파산을 기록했습니다. 이런 회사에 이나모리는 단 세 명의 측근과 함께 뛰어들어 기적을 일으켰습니다. 취임 13개월 만에 회사를 흑자로 돌려놓은 데 이어,

2012년 3월에는 역대 최고 흑자 기록을 경신하며 2년 8개월 만에 JAL을 주식시장에 재상장시켰습니다.

하지만 그의 경영 행적을 좇다 보면 그가 행한 것은 기적도 마술도 아닌, 지극히 당연한 일을 당연하게 했던 것뿐임을 알게 됩니다. 일본 최고의 엘리트 집단인 JAL 임직원들에게 '거짓말을 하지 말라', '다른 사람을 속여서는 안 된다' 같은 초등학교 도덕 교과서에나 나올 법한 것부터 강조했습니다. 성과를 극대화하는 회의 진행 방법 등 실제 업무에 필요한 능력도 새롭게 가르쳤습니다. 기본부터 바꿔나가는 동안 JAL 임직원들의 업무 자세는 완전히 달라졌습니다. 너무나 당연한 것을 요구하다 보니 불만과 반발이 끊이지 않았지만, 이나모리는 '당연한 것을 이루기 위한 투쟁'에서 물러서지 않았고, JAL에 기적 같은 V자 회복을 안겨줬습니다.

이나모리는 스물일곱 살에 맨몸으로 사업에 뛰어들어 세계적인 전자 부품 기업 교세라와 일본 내 2위 통신회사인 KDDI를 창업해 성공 궤도에 올려놓은 뒤 경영일선에서 물러나 있었습니다. 그랬던 그가 자기 회사도 아닌 JAL 경영을 맡은 것은 후배 기업인들에게 다음과 같은 경영 유언을 남기기 위해서였습니다.

"기본에 충실한 정도(正道)를 걸으라."

"맡은 일에는 투혼을 불살라야 한다."

이나모리는 평생 기본의 중요성을 잊지 않았으며, 기본에 충실한 회사는 결코 무너지지 않는다고 확신했습니다. 그는 '나는 왜

이 일을 해야 하는가'라는 질문을 던져 바르고 확고한 답을 할 수 있다면, 사업이든 인생이든 '제로(zero, 0)'에서도 무한대를 바라볼 수 있다고 말합니다. 더불어 고매한 목적의식을 가져야 한다고 강조합니다. 어떤 방향에서 봐도 당당하게 말할 수 있는 고매한 목적의식이 없으면 모든 힘을 들여도 주위 사람들의 협력을 얻을 수 없고, 그 일을 성공시킬 수 없다는 겁니다.

여든한 살의 나이에 JAL을 되살린 뒤 회장직을 물러나면서 남긴 퇴임사가 떠오릅니다.

"경영에는 격투기를 할 때와 같은 투혼이 필요하다. 경영자는 자신의 조직을 무슨 수를 써서라도 강하게 만들겠다는 마음가짐으로 투혼을 불태워야 한다."

이나모리 가즈오, 김지영 옮김, 《이나모리 가즈오의 왜 사업하는가》(다산북스, 2017)

20

아마존 신화 일군 비결, '후회 최소화 법칙'

"나는 아마존 주식 사는 것을 한 번도 생각하지 않았다. 항상 비싸 보였기 때문이다. 앞으로 어떤 일이 벌어질지 깨닫기에는 너무 멍청했다."

'투자의 귀재'로 불리는 워런 버핏이 때늦은 후회의 말을 해 화제가 됐습니다. 2017년 5월, 자신이 이끄는 투자회사 버크셔 해서웨이 주주총회에 참석한 약 3만 명의 주주들 앞에서였습니다. 버핏은 "제프 베조스 아마존 창업자 겸 CEO가 이 정도로 크게 성공할 줄 몰랐다. 그의 탁월한 실행 능력을 과소평가했다"고 자책했습니다.

2017년 5월 15일로 나스닥 상장 20주년을 맞은 아마존은 주가가 공모가의 640배까지 올라 같은 기간 상장된 모든 주식 가운데 최대 상승폭을 기록했습니다. 주가가 이렇게 치솟았음에도 월가에서는 여전히 '매수' 의견이 대세입니다. 블룸버그통신에 따르면 아마존 주식에 대해 월가 증권사들은 40곳이 매수, 8곳이 중립 의견을 냈으며 매도 의견을 낸 곳은 없다고 합니다.

아마존 신화의 비밀은 안주하지 않았다는 데 있습니다. 1995년 온라인서점으로 출발한 뒤 1999년 카드 정보를 입력해두면 클릭 한 번으로 즉시 주문과 결제가 이뤄지는 '원클릭' 서비스를 선보이며 급성장했습니다. 2006년에는 서버 운영 경험을 활용해 아마존웹서비스(AWS)라는 클라우드 서비스를 시작했고, 2014년에는 이 자원을 활용해서 인공지능(AI) 비서 '알렉사'를 개발했습니다. 이후에도 무인점포, 드론 배송 등을 선보이며 혁신을 주도하고 있습니다.

아마존의 거침없는 질주를 이끄는 것은 베조스의 탁월한 실행 능력이고, 그 원천이 '후회 최소화 법칙(Regret Minimization Framework)'입니다. 베조스는 이런 말을 남겼습니다.

"실패했다고 해서 후회한 적은 없다. 하지만 도전해보지 않은 데 대해선 후회할 것이다."

세속적 잣대로만 본다면 베조스는 굳이 아마존을 창업할 필요가 없었습니다. 잘나가는 금융인으로서 탄탄대로를 걷고 있었기 때문입니다. 1986년 명문 프린스턴대학교를 최우수 성적으로 졸업하고, 컴퓨터 기반 금융거래 회사인 D.E.쇼앤드컴퍼니에 입사해 신규

시장 개척 업무를 맡은 그는 손대는 일마다 큰 성공을 거뒀습니다. 이때 이미 평생 쓰고도 남을 만큼의 돈을 벌었습니다. 그런 베조스가 직접 벤처기업을 세우겠다고 하자 사장은 극구 만류했습니다.

"자네처럼 성공한 사람이 굳이 도전할 필요가 있을까? 그건 더 이상 잃을 게 없는 사람의 몫으로 남겨놓는 게 어떻겠나."

그때 베조스의 결단을 끌어낸 기준이 '후회 최소화 법칙'이었습니다.

"80세가 되었을 때, 서른 살에 거액의 인센티브를 받지 못한 것을 아쉬워할까? 그렇지 않을 것이다. 도전하지 않으면 분명히 후회한다. 그것은 부인할 수 없는 사실이다."

도전해보고 후회하는 건 받아들일 수 있지만, 도전하지 않은 후회는 되돌릴 수 없다는 말도 했습니다. 많은 걸 생각하게 합니다.

CHAPTER

3

올바른 판단을
이끄는 생각법

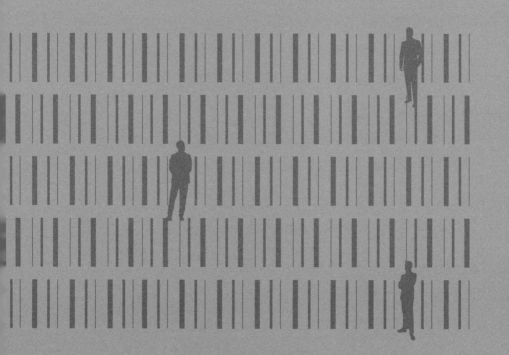

01

남을 제대로 알고 있는가

우리는 매일같이 누군가를 만나서 그 사람을 판단하고 중요한 결정을 합니다. 금융회사의 전문설계사와 상담한 뒤 펀드에 가입하거나, 면접을 치러 직원을 뽑습니다. 자신이 올바른 판단과 결정을 했는지를 알려면 결과를 봐야 합니다. 이를테면 '그 펀드는 고수익을 냈는가', '면접 점수가 높았던 구직자가 일도 더 잘하는가'를 봐야 하죠.

그런데 우리는 타인을 판단할 때 오류를 저지르는 경우가 적지 않습니다. 왜 그럴까요? 경찰은 무고한 사람을 체포하고, 판사는 죄지은 사람을 석방하며, 믿었던 외교관은 타국에 기밀을 팔고, 촉망받던 펀드매니저가 투자자에게 사기를 칩니다.

미국 저널리스트인 말콤 글래드웰(Malcolm Gladwell)은 우리가 타인을 잘못 판단해 일을 그르치는 이유로 몇 가지를 꼽습니다.

첫째, 타인이 정직하다고 가정한다는 것입니다. 미국의 대학 풋볼팀 코치가 소아성애자로 밝혀지는 데 첫 제보 이후 판결까지 16년이 걸린 사건을 전형적인 예로 듭니다. 미국 CIA(중앙정보부)에서 쿠바를 위해 일해온 스파이의 정체가 탄로 나는 데에도 십수 년이 걸렸습니다. 두 사건의 공통점은 동료들이 그들을 적극적으로 두둔했다는 것입니다. 글래드웰은 그 이유를 인간의 본성에서 찾습니다. 인간의 의식 구조가 그렇게 설계돼 있다는 것입니다. 결정적 증거가 나타날 때까지, 믿을 수 없을 때까지 믿는다는 거죠. 부주의해서가 아니라, 대부분 인간이 그렇게 설계돼 있기 때문이라고 합니다.

둘째, 우리는 대부분 타인의 태도와 내면이 일치한다고 착각합니다. 예컨대 피의자를 만난 판사와 범죄기록만 본 인공지능 중에 누가 더 보석 결정을 잘할까요? 히틀러를 만난 영국 총리 체임벌린과 히틀러의 책만 읽은 후임 총리 처칠 중에 누가 히틀러를 제대로 파악했을까요? 판사는 피의자가 반성하는 것 같았으며, 체임벌린은 히틀러가 평화를 사랑하는 것 같다고 봤습니다. 결과가 어땠나요. 판사는 기계와의 대결에서 참패했고, 히틀러는 전쟁을 일으켰습니다. 글래드웰은 "인간은, 특히 타인은, 결코 투명하지 않다"고 말합니다.

글래드웰은 이 문제를 단번에 해결해줄 방법을 제시하지 않습니다. 인간의 한계를 깨닫는 게 중요하다고 강조합니다. 관점과 배경을 이해하고 자신과 다른 타인에게 말을 거는 것 말고는 선택의 여지가 없다고 말이죠. 다른 사람이 '진실하다'고 믿는 최선의 가정이 현대 사회를 만들어낸 속성이기 때문입니다.

타인을 신뢰하는 우리의 본성은 때때로 비극을 만듭니다. 하지만 그 대안으로 신뢰를 포기하는 것은 더 나쁜 결과를 가져올 수 있습니다. 모든 코치가 소아성애자라는 의심을 받게 되면 어떤 부모도 아이가 집 밖으로 나가게 하지 않을 것이며, 누구도 코치를 맡겠다고 자원하지 않을 것입니다. 기본적인 신뢰가 전제되지 않으면 사회가 제대로 굴러갈 수 없습니다. 그것이 인간 사회의 숙명입니다. 우리는 낯선 이를 해독하는 능력에 한계가 있다는 사실을 받아들여야 합니다. 몇 가지 단서를 설렁설렁 훑어보고는 다른 사람의 심중을 쉽게 들여다볼 수 있다고 여겨서는 안 된다는 뜻입니다.

"당신이 모르는 사람을 만났을 때 알아야 할 단 하나의 진실은 이것이다. 낯선 사람은 쉽게 알 수 없다."

말콤 글래드웰, 유강은 옮김, 《타인의 해석》(김영사, 2020)

02

'반대'가 안겨주는 큰 선물

1978년 미국 유나이티드항공 173편 비행기가 낸 추락 사고는 두고두고 반면교사로 회자되고 있습니다. 승무원들이 착륙장치 이상에만 매달리다가 연료가 떨어지고 있다는 사실을 기장에게 보고하지 못했고, 결국 연료 부족으로 포틀랜드 국제공항을 10킬로미터쯤 앞둔 곳에서 추락하고 말았습니다. 다들 착륙장치에만 매달려 있을 때 누구 한 사람이라도 다른 곳에도 신경 써야 한다고 말했다면 피할 수도 있었던 사고였습니다.

사람들은 너무도 쉽게 '다수의 함정'에 빠져듭니다. 미국 TV에서 방영된 '몰래카메라' 실험 결과가 단적인 예입니다. 실험 도우미 세 명과 이들의 정체를 모르는 일반인 한 명이 엘리베이터에 탔습니다. 문이 닫히자 도우미 세 명이 일제히 엘리베이터 뒤쪽 벽을 향해 돌아섰습니다. 그러자 일반인도 따라서 돌아섰습니다. 도우미들이 얼마 뒤 옆쪽으로 방향을 바꿨는데, 잠시 멈칫하는 듯하던 일반인도 방향을 틀었습니다.

심리학자인 샬런 네메스(Charlan Nemeth) UC버클리 교수는 실험 결과를 이렇게 설명합니다.

"다른 사람들은 알고 자신은 모르는 뭔가가 있다고 여겼을 수 있다. 그런데 문제는 대부분 사람이 '잘못된 행동'을 하고 있음을 인지한 뒤에도 다수의 행동을 따른다는 것이다."

그의 연구 결과에 따르면 직장인의 70퍼센트가 회사에서 잘못된 점을 발견하고도 지적하지 않는 것으로 나타났습니다. '지적한다고 달라질 것이 없다'는 포기와 더불어 '아무 말 하지 않는 다수'의 시선이 두려워서라고 합니다.

사람들이 다수 의견이나 행동을 좇는 것은 사회나 조직에 큰 비용을 치르게 합니다. 사람들의 사고 방향을 교묘하게 틀어놓기 때문에 다수의 시각으로 세상을 바라보기 시작하고, 다수의 입장이라는 좁은 시각에서 사고하게 됩니다. '합의'라는 이름으로 포장된 다수의 의견이 창의적인 사고를 막는 것입니다. 다수 의견에 반대 의견을 내는 것이 그래서 중요합니다. 반대 의견은 생각의 영역을 넓히고 방향을 바꿔줍니다. 무엇보다 의사결정의 질을 높여줍니다.

네메스는 올바른 의사결정 과정이 올바른 선택을 이끌며, 좋은 의사결정은 확산적 사고를 내포한다고 강조합니다. '확산적 사고'

란 다양한 관점을 고려하고 정황의 모든 측면을 살펴 사실관계를 분석하는 것을 말합니다. 그 반대는 '수렴적 사고'로 나쁜 의사결정을 가져옵니다. 한쪽으로만 치우쳐 기존 입장을 지지해줄 정보만 찾고 다른 가능성의 여지는 무시하기 때문입니다.

이렇게 중요한 '반대 의견'을 사회나 조직 내에서 활성화하기 위해서는 각 구성원의 용기에 앞서 리더의 자세가 중요합니다. 조직을 잘 운영하고 현명한 의사결정을 하려면 반대 의견을 그저 용인하는 게 아니라 환영할 줄 알아야 합니다. 반대 의견이 틀렸을 경우라도 가치가 있다는 것을 깨달아야 합니다.

샬런 네메스, 신솔잎 옮김, 《반대의 놀라운 힘》(청림출판, 2020)

우리는 왜 잘못된 의사결정을 하는가

"가진 것이 망치뿐이면 모든 것이 못으로 보인다."

미국 심리학자 에이브러햄 매슬로(Abraham Maslow)가 한 말입니다. 우리 손에 들려 있는 도구가 망치뿐이라면 앞에 있는 모든 것을 못처럼 취급해 일을 그르치기 쉽다는 경고입니다. 인생을 업그레이드하기 위해서는 상황에 맞는 도구를 쓸 줄 알아야 합니다.

일일이 의식하지 못할 뿐 우리는 매일 수십 번의 의사결정을 하며 살아갑니다. 그 모든 의사결정을 항상 잘하는 건 아닙니다. 우리를 둘러싼 환경이 너무나 복잡다단하고, 예측 불가능한 변수들이 널려 있기 때문입니다. 가브리엘 와인버그(Gabriel Weinberg), 로런 매캔(Lauren McCann)이 쓴 《슈퍼 씽킹》은 무엇을 선택할지 결정하는 과정에서 실수를 최소화하는 '초월적 사고(super thinking)' 방법을 소개합니다.

최선의 선택을 하고 싶다면 조건부터 단순화하라는 게 첫 번째 당부입니다.

"온라인 데이트 사이트에 미래의 배우자에 대해 길고 구체적인 조건 목록을 제시하는 사람은 원하는 배우자를 만나기 어렵다. 데이트 상대의 범위가 터무니없이 좁아지기 때문이다."

이럴 때 떠올려야 하는 것이 '오컴의 면도날'입니다. 14세기 영국 철학자였던 오컴(William of Ockham)이 "불필요한 가정은 면도날로 잘라내라"라고 강조한 데서 유래한 정신 모델입니다. 두 저자는 사실이나 현상에 대해 논리적으로 가장 단순한 것이 진리일 가능성이 크다며, 창업하거나 시제품을 내놓을 때 '최소 기능 제품'으로 시험해야 한다고 말합니다.

'역발상'도 잘못된 의사결정을 최소화하는 방법으로 요긴합니다. 19세기 독일 수학자 카를 야코비(Carl Jacobi)가 남긴 "뒤집어서 보라. 늘 거꾸로 생각해보라"는 명언은 수학 공식에만 통용되는 게 아닙니다. 눈앞의 문제를 반대 방향에서 바라보면 생각지 못했던 해법과 전략이 떠오릅니다. 예를 들어 여윳돈을 투자하는 사람들은 대부분 '되도록 돈을 더 많이 벌어야겠다'는 관점으로 돈 굴릴 곳을 찾습니다. 그런데 '가능한 한 돈을 덜 잃겠다'는 생각으로 투자한다면 자금을 운용하는 방식이 달라질 것입니다.

인간은 완전하지 않으며, 언제든 실수를 저지를 위험을 안고 있음을 명심하는 게 무엇보다도 중요합니다. 의사결정을 하던 당시에는 최고의 선택으로 여겨졌던 것이 훗날 큰 패착으로 드러나기도 합니다. 불확실하고, 수시로 바뀌는 온갖 환경 변수가 우리를 에워싸고 있기 때문입니다. 의사결정을 할 때마다 겸손한 마음가짐으로 모든 상황을 짚고 또 짚어봐야 합니다.

뜻밖의 결과 앞에서 많은 사람이 예측 불가능했다고 이야기하지만, 상황을 자세히 뜯어보면 예측 가능한 패턴을 따르고 있음이 드러나기도 합니다. 요컨대 잘못될 수 있는 일은 어김없이 잘못된다는 얘기입니다. 이런 '예고된 실수'를 피하기 위해서는 역발상과 리스크 회피 등 초월적 사고력을 키워야 합니다. 성공한 사람들 또는 많은 부를 축적한 사람들은 자신이 처한 상황에서 어떤 결정을 해야 최선의 결과가 나오는지 명확하게 분석하고 행동에 나섭니다.

가브리엘 와인버그 · 로런 매캔, 김효정 옮김, 《슈퍼 씽킹》(까치, 2020)

04

개척자에게 필요한 것

스마트폰 화면을 엄지와 검지로 벌려 확대하거나 좁혀서 축소하는 '초점 조작(pinch to zoom)' 기능은 미국의 수학자이자 컴퓨터과학 자인 대니 힐리스(Danny Hillis)가 생각해냈습니다. 그를 만난 스티 브 잡스가 애플 제품에 이 아이디어를 적용했고, 대부분 모바일 화면의 표준 기능으로 자리 잡았습니다. 하버드대학교에서 창조성에 관한 강의를 하고 있는 데이비드 에드워즈(David Edwards) 교수는 힐리스가 발휘한 그 능력을 '미학적 직관'이라고 부릅니다.

처음 가보는 길을 개척하거나 새로운 환경에 직면했을 때 필요한 것은 논리와 전략이 아닌 '직관'이라는 것입니다. '창의와 융합' 이 강조되는 이 시대에는 창조의 새로운 방향이 필요합니다. 에드 워즈는 《창조성에 관한 7가지 감각》에서 이렇게 말합니다.

"창조를 추구하는 뇌에서 나타나는 감정적이고 인지적인 신경 상태에 주목해야 한다. 창조를 위해서는 직관과 함께 열정, 공감, 순수함, 겸손, 지능, 집요함의 일곱 가지 미학적 요소가 필요하다."

이런 것을 갖출 때 세상을 이롭게 바꾸는 '미학적 창조'가 가능해집니다. 미학적 창조를 추구하는 사람들은 경제적 이익이나 문화적 영향력에 좌우되지 않습니다. 미학적 삶을 살아가기 위한 개척자의 욕망에 따라 움직일 뿐입니다. 개인의 이기심을 넘어 대중과 창조적 대화를 나눔으로써 중요한 것을 만들어내는 것입니다.

미국 아메리칸 레퍼토리 극장의 예술감독 다이앤 파울루스(Diane Paulus)는 미학적 창조를 통해 연극에 새 생명을 불어넣은 인물로 꼽힙니다. 그는 관객이 심각하게 줄어들고 있던 연극에 활로를 열기 위해 셰익스피어의 〈한여름 밤의 꿈〉을 자신만의 방식으로 재해석했습니다. 극의 무대를 숲속에서 뉴욕의 디스코클럽으로 옮기고, 요정의 왕 오베론을 나이트클럽 대표로 탈바꿈시켰으며, 관객들에게 익숙한 1970년대 팝 음악을 사용한 것입니다. 이렇게 탄생한 〈동키쇼〉는 1999년 막을 올린 이래 전문가들의 극찬과 함께 세계 곳곳에서 큰 인기를 모으고 있습니다. 변화하는 환경에서 새로운 상황을 관찰하고, 이를 자신만의 방식으로 표현하는 '미학적 지능'을 발휘한 덕분입니다.

독특한 돔 지붕으로 찬사를 받는 이탈리아 피렌체의 두오모 성당도 미학적 지능의 결과물입니다. 이 성당을 건축한 필리포 브루

넬레스키(Filippo Brunelleschi)는 고대 로마의 건축 기술을 되살려보겠다는 열정을 품고, 당시 학문의 흐름에서 벗어나 있던 공학과 수학 지식을 활용해 돔 지붕을 완성했습니다. 여기서 우리가 잊지 말아야 할 또 하나의 중요한 사실이 있습니다. 당시 이탈리아에는 전설적인 창조자들이 마음껏 재능을 발휘할 수 있도록 도와준 후원자들이 있었다는 것입니다. 피렌체가 미학적 창조를 꿈꾸는 사람들에게 문을 활짝 열어줌으로써 가능성의 문화로 가득 차 있었던 것도 두오모 성당이 탄생하는 데 밑거름이 됐습니다.

에드워즈는 진정한 창의와 융합을 위해서는 미학적 창조를 향한 욕망과 열정을 뒷받침해줄 후원자들의 지원, 그리고 열린 공간이 필요하다고 강조합니다. 독창적인 아이디어가 세상을 바꾸는 결과물로 나타나려면, 피렌체와 같은 문화실험실이 더욱 많아지고 활성화돼야 할 것입니다.

데이비드 에드워즈, 박세연 옮김, 《창조성에 관한 7가지 감각》(어크로스, 2020)

그들은 왜 헛똑똑이가 되는가

영국의 코난 도일은 의사로 개업한 뒤 셜록 홈스 시리즈로 추리소설의 새 지평을 연 천재입니다. 그런 도일에게 잘 알려지지 않은 또 다른 모습이 있습니다. 요정의 존재를 믿었고, 그것을 세상 사람들에게 '증명'하기 위해 자신의 모든 재능을 쏟아부은 헛똑똑이였다는 사실입니다. 도일은 요정이 인간의 눈에 보이지 않는 이유를 전자기 이론을 들먹이며 '과학적으로' 해명하려고 했고, 어린 학생들이 장난삼아 만든 '요정 사진'을 심령 현상을 세상에 알릴 설득력 있는 증거라고 주장했습니다. 학생들이 남긴 사진 속 핀 자국을 '요정의 배꼽'이라고 우기기도 했죠.

개인뿐 아니라 조직도 실수를 저지릅니다. 미국 연방수사국(FBI)은 2004년 192명이 목숨을 잃고 2,000여 명이 다친 마드리드 폭탄

테러를 조사하면서 무고한 사람을 범인으로 몰았다가 굴욕적인 사과를 해야 했습니다. 비닐봉지의 얼룩진 지문에 '꽂힌' 나머지 성급하게 범인을 특정한 탓이었습니다.

왜 지능이 높은 사람이 오히려 비합리적인 사고를 하거나 어리석은 실수를 하는 경우가 많은 걸까요?

심리학과 신경과학의 최신 연구는 머리가 좋으면 그만큼 편향과 합리화에 빠져 헛똑똑이가 될 가능성이 크다는 점을 밝혀내고 있습니다. 똑똑한 사람들이 '지능의 함정'에 빠지는 이유는 '논리 차단실'을 세워 자신을 가두기 때문입니다. 자신만의 세계관에 갇힌 사람은 자기가 정한 목적에 결론을 맞춥니다. 그 논리가 가진 오류는 외면하는 성향도 강할뿐더러 자신만이 모든 것을 안다고 판단해 타인의 의견은 쉽게 무시합니다.

이런 함정을 극복하기 위해 필요한 게 증거에 기반을 두는 지혜입니다. 증거 기반 지혜는 자신만의 단정과 직감을 의심하고, 관련 증거를 모두 고려해서 사고하는 것을 뜻합니다. 영국의 과학 저널리스트 데이비드 롭슨(David Robson)은 이런 지혜를 끌어낼 몇 가지 방법을 제시합니다.

우선 '소크라테스 효과'가 있습니다. 자신의 문제를 어린아이에게 설명한다고 상상하면서, 문제를 다른 관점으로 보는 것입니다. 그는 "나와 거리를 두고 제삼자가 돼 자신을 관찰하면 열린 마음으로 더 넓은 관점과 맥락에서 문제를 보게 돼 매몰된 시각을 피할 수 있다"고 말합니다.

'지적 겸손'도 유용한 도구입니다. 자기 판단의 한계를 인정하고, 오류 가능성을 보완하려고 노력해야 합니다. 자신의 무지와 한계를 인정하는 태도는 성장형 사고방식을 촉진해 교조적인 추론을 막는 데 도움을 줍니다. '사전 부검'도 필요합니다. 결정을 하기 전에 최악의 시나리오를 생각해보고, 그런 상황을 유발할 법한 모든 요소를 추려보는 것입니다.

증거 기반 지혜가 제시하는 사고 능력은 지능과 달리 훈련이 가능해서, 누구든 더 지혜롭게 생각하는 법을 배울 수 있습니다. 자신의 실수 가능성을 겸손하게 인정하고, 실수에서 배움을 얻어 성장할 가능성을 알아보고, 모든 것에 적극적으로 의문을 제기한다면 그만큼 보답을 받을 것입니다.

데이비드 롭슨, 이창신 옮김, 《지능의 함정》(김영사, 2020)

06

제사장과 레위인은 왜 그랬을까?

길을 가던 유대인이 강도를 만나 가진 것을 빼앗기고 심한 상처를 입었습니다. 평소 신앙심이 깊은 두 사람, 제사장과 레위인은 쓰러진 사람을 보고도 모른 체하며 지나쳤습니다. 그런데 사마리아 여인은 달랐습니다. 유대인과 적대 관계에 있었음에도 다친 사람의 상처를 싸매고는, 주막으로 데려가서 주인에게 잘 돌봐주라며 돈까지 쳤습니다. 예수는 제자들에게 이 얘기를 들려준 뒤 "누가 강도 만난 자의 이웃이냐"고 묻습니다. '사마리아 여인'이라는 답을 듣고는 "가서 너희도 이와 같이 하라"고 가르칩니다.

신약성서 누가복음에 나오는 비유입니다. 이 일화에 근거한 '선한 사마리아인'은 남을 위해 노력하는 사람을 가리키는 상징적인 표현이 됐습니다. 사마리아 여인의 선함에 대해서는 이론의 여지가 없습니다. 그런데 미국의 두 심리학자 존 달리(John Darley)와 대니얼 뱃슨(daniel batson)은 한 가지 대목에 궁금증을 가졌습니다. 제사장과 레위인은 왜 강도당한 사람을 그냥 지나친 걸까. 오로지 심성이 나쁜 탓이었을까? 그들은 이 궁금증을 풀어보려는 시도에 나섰습니다.

두 학자는 한 가지 실험을 설계했습니다. 신학교 학생들에게 짧은 설교를 준비하게 한 뒤 녹음을 위해 근처에 있는 다른 건물로 이동하라고 했습니다. 장소를 알려준 뒤 A그룹 학생들에겐 사람들이 기다리고 있으니 서두르라고 지시하고, B그룹에는 녹음 준비를 하기까지 몇 분의 여유가 있다고 전했습니다. 신학생들은 지정된 건물로 향하던 도중, 한쪽에 쓰러져서 신음하고 있는 남자와 마주쳤습니다. 이들의 반응은 소속한 그룹에 따라 달랐습니다. 서두르라는 지시를 받은 학생 그룹에서 도움의 손길을 내민 사람은 10퍼센트에 불과했습니다. 그에 비해 시간적 여유가 있던 학생 그룹에서는 63퍼센트가 쓰러진 사람을 도왔습니다. 실험 결과로 누가복음 우화를 해석하면, 제사장과 레위인은 너무 바빴고 사마리아 여인은 상대적으로 덜 바쁜 상황이었을지 모른다는 게 이들의 결론입니다.

리처드 니스벳(Richard E, Nisbett) 미시간대학교 심리학과 석좌교수와 리 로스(Lee Ross) 스탠퍼드대학교 심리학과 교수는 "어떤 행동은 개인의 성향이나 본성보다 당시 처한 상황에 따라 더 큰 영향을 받을 수 있다"고 말합니다. "그 사람이 차갑고 내성적이거나 친절하고 긍정적인 사람이라는 정보가 아니라 시간이 있는지, 상대의 차림새가 어떤지, 술이나 마약에 취해 있는 것처럼 보이지 않는지 등의 상황 판단이 행동을 예측하는 데 도움이 된다."

그런데도 우리 사회에는 '착한 사람이니까 분명히 남을 잘 도울 것이다', '공격적인 아이가 늘 문제를 일으킨다' 같은 고정관념이 깊게 자리 잡고 있습니다. 어떤 일이 일어났을 때 개인에게서 문제의 원인을 찾는 사회적 실수가 되풀이되는 이유입니다. 사람들의 행동을 성격만으로 설명하는 순간, 우리는 편견에 빠지고 맙니다.

도저히 이해하기 힘든 끔찍한 사건이나 기괴한 행동을 접했을 때, 그런 행동을 한 사람에게서 원인을 찾아 쉽게 결론을 내려서는 안 됩니다. 그 '사람' 때문이라고 설명하는 순간, '사회적 영향력'을 인지하지 못하는 오류에 빠지기 때문입니다. 사회적 힘에 압도되어 벌어졌을 문제를 그런 오류 탓에 개선하지 못할 수도 있습니다.

리처드 니스벳 · 리 로스, 김호 옮김, 《사람일까 상황일까》(심심, 2019)

07

지금 시작하라,
완벽해지는 것은 다음이다

서른 살에 백만장자가 된 롭 무어(Rob Moore)는 영국에서 가장 빠른 속도로 자수성가한 사업가입니다. 영국 최대 부동산 기업 프로그레시브 프로퍼티를 운영하는 그는 자기자본을 한 푼도 들이지 않고 500채 이상의 부동산을 소유한 것으로도 유명합니다. '벼락 성공'을 한 게 아닙니다. 대학 시절 몇 가지 사업에 손을 댔다가 파산을 겪기도 한 조숙한 인물입니다.

사업가로 성공하기 위해 수많은 백만장자와 기업가들을 만난 무어는 그들에게서 한 가지 공통점을 발견했습니다. 제각기 다른 분야에서 다른 방법으로 성공했지만, 남다른 결단력을 갖고 있다는 점입니다. 전 세계 자수성가 백만장자 500명의 행동 습관을 추적한 그는 그 결과를 이렇게 요약합니다.

"경제적 수준도, 지능도, 끈기도, 성격도 평범하지만 이들에게는 남다른 '결정근육'이 있었다."

《결단》이라는 책에서 그는 당장 시작하고 나중에 완벽해지라고 주문합니다. 늘 수정할 수 있다고 생각하면 더 편안한 마음으로 결정할 수 있을 거라고도 말합니다. 무엇이든 결정할 때 '최종'이라는 생각을 하지 말라는 것입니다.

"모든 결정을 실천하기 '전(前)'이 아니라 실천하면서 수정과 조정이 가능한 일련의 테스트로 간주하라."

그러면 결정하고 실천하는 자연스러운 흐름에 빠져들 수 있다고 조언합니다. 결정할 때 꾸물거린다거나 결정하기가 힘들다는 사람들에게 무어는 돌직구를 던집니다.

"거짓된 당신에게 속고 있는 것이다."

결단을 미루는 것은 특별히 우유부단하거나 결정장애가 있기 때문이 아니라는 것입니다. 바로, 우리 안에 자리 잡은 '빈 공간' 때문이라고 그는 말합니다. 빈 공간에 머무는 것은 편안합니다. 그곳에는 낯선 것에 눈을 감고 불편한 것은 외면하고 불안한 것을 익숙한 것으로 대체할 수 있는, 중요하지 않은 많은 일이 산재해 있으니까요.

무어는 '결정'하는 능력도 근육과 마찬가지로 훈련을 통해 키울 수 있다고 말합니다. 잘못된 결정은 감정에 휘둘릴 때 일어난다는 점에서 감정을 이해하고, 관리하고, 통제하고, 정복하는 게 중요합니다.

"당신이 선택과 포기 사이에서 수백만 가지 가능성을 머릿속에서만 그리고 있을 때도 세상은 빠르게 변화한다. 수십 년 동안 '빈 공간' 속에서 살며 '타이밍'만을 기다리다가 시간이 많이 흐른 뒤에야 살아온 과거를 뒤돌아보면서 후회를 반복하는 사람들이 너무나도 많다."

어떤 결정이라도 그것의 중요성을 낮추고, 그것에 영원히 집착하지 않기 위해선 간단한 첫 단계에서부터 시작해야 합니다. 큰 결정은 마음으로 하되, 작은 결정은 머리로 하는 것입니다. 그러면 지금 시작하고 나중에 완벽해질 수 있습니다.

롭 무어, 이진원 옮김, 《결단》(다산북스, 2019)

08

나는 얼마나 근시인가

살다 보면 수많은 선택의 순간과 마주하게 됩니다. 몇 날 며칠을 고민해야 하는 경우도 적지 않습니다. 도심에서 교외로 이사할 것 인가, 누구와 결혼할 것인가, 어떤 분야에서 창업을 할 것인가는 삶 의 방향을 바꾸는 결정이 될 수 있습니다. 전쟁을 끝낼 것인가와 같은 국가적 선택, 무엇을 지지해야 공동체에 도움이 될 것인가 등 의 사회적 선택에도 장기적인 전망이 필요합니다.

미국 과학저술가 스티븐 존슨(Steven Johnson)은 "현명한 결정을 이끄는 것은 직관이 아니라 합리적 심사숙고"라고 말합니다. 그 는 불확실성을 최소화하기 위한 의사결정의 원칙과 방법을 3단계 로 제시합니다. 첫 단계는 우리가 찾아낼 수 있는 모든 변수와 가 능한 모든 방향에 대한 '마음의 지도' 작성(mapping)입니다. 두 번째 단계는 관련 변수들을 고려해 각 방향이 지향하는 결과를 예측 (prediction)하는 것이고, 세 번째 단계는 궁극적인 목표를 기준으로 다양한 결과를 비교·검토해 방향을 결정(decision making)하는 것입니다.

심리학자 마틴 셀리그먼(Martin Seligman)은 인간을 다른 종과 구분하는 가장 뚜렷한 특징이 미래를 숙고하는 능력이라고 하면서 '호모 프로스펙투스(homo prospectus)'야말로 인간에게 합당한 명칭이라고 했습니다. 하지만 미래를 예측하도록 진화했다고 해서 인간이 언제나 옳은 예측을 하는 건 아닙니다. 오히려 그 반대인 경우가 많습니다. 정치학자 필립 테틀록(Philip Tetlock)은 각계각층의 전문가 284명을 대상으로 2만 8,000가지에 이르는 예측을 하도록 한 뒤 분석했는데, 참담한 결과를 얻었습니다. 장기적인 추세 분석일수록 일반인이 무작정 찍는 것보다 더 나을 것도 없었다는 겁니다.

정확한 예측을 방해하는 가장 큰 장애물은 자기 자신인 경우가 많다고 합니다. 자기가 옳다고 생각한 것이 '답'이라고 결론지어버리는 확증편향(confirmation bias) 때문입니다. 이런 확증편향의 위험을 피하려면 다른 사람들의 다양한 의견이나 추정이 필요합니다. 이럴 때 '사전부검(premortem)'이나 '레드팀(red team)'을 활용하는 게 유용합니다. '사전부검'은 어떤 일을 시작하기 전에 그 일이 실패했다고 미리 간주하고, 이유를 철저하게 찾아보는 것입니다. '레드팀'은 조직 내 전략의 취약점을 발견해 공격하는 역할을 맡은 팀을 가리킵니다.

존슨은 100퍼센트 훌륭한 결정이란 없지만, 그 결정이 훌륭해지게 할 수는 있다고 말합니다. 인간의 시야는 태생적으로 근시안적이므로, '얼마나 근시인가'를 명확히 진단하는 것만으로도 교정이 가능하다는 것입니다. 미래를 예측하는 능력을 향상시키고 싶다면 그것이 얼마나 예측하기 어려운지, 내 생각의 사각지대는 어디쯤일지를 인지하는 것이 가장 지혜로운 출발점일 것입니다.

스티븐 존슨, 강주헌 옮김, 《미래를 어떻게 결정할 것인가》(프런티어, 2019)

09

시간을 가장 헛되이 쓰는 방법

조립식 완구 기업 레고 그룹은 브랜드 홍보 영화를 제작하기로 하고 논의에 들어갔습니다. 감독과 스태프를 고용해 자체 제작할 것인지, 할리우드 기업에 제작 전반을 일임한 것인지를 놓고 격론이 벌어졌습니다. 브랜드 가치를 작품에 최대한 녹일 것인가, 아니면 이보다는 재미와 흥행을 추구할 것인가 하는 문제였습니다.

마침내 예르겐 비 크누스토르프(Jørgen Vig Knudstorp) CEO가 과감한 '통합'을 결정했습니다. 양쪽의 장점을 결합한 것입니다. 먼저 할리우드 제작사를 고른 뒤 제작진과 마스터 빌더, 즉 레고 마니아들을 만나게 했습니다. 마스터 빌더는 할리우드 전문가들에게 레고 마니아들은 절대 접착제를 사용하지 않는다며 레고만의 가치를 상세하게 알려줬습니다. 제작진은 그들의 말에서 아이디어를 얻어 영화에 녹여냈습니다. 결과는 성공적이었습니다. 2014년 개봉한 〈레고 무비〉는 4억 5,000만 달러(약 5,286억 원)의 매출을 기록했고, 레고는 브랜드 가치를 높일 수 있었습니다.

로저 마틴(Roger Martin) 토론토대학교 교수는 통합적 사고(integrative thinking)의 중요성을 강조합니다.

"리더들은 늘 선택의 순간에 놓인다. 저렴한 소규모 호텔을 지을까, 화려한 대규모 컨벤션 호텔을 지을까 등이다. 대부분의 리더는 이 상황에서 무엇을 취하고 무엇을 버릴 것인가를 고민한다."

최고의 리더는 복수의 선택지를 통합해 더 나은 답을 찾아낸다는 것이 그의 결론입니다.

통합적 사고 과정은 어설픈 답이 아니라 해결해야 할 문제의 핵심을 찾아내는 일입니다. 통합적 사고를 제대로 하기 위해 새겨야 할 게 있습니다. 경력과 인맥이 자신과 비슷하거나 직종이 같은 사람들의 조언에 집착해선 안 된다는 것입니다. 사람들이 저마다 세상을 다르게 보고 있다는 사실을 받아들이고, 다양한 관점을 통해 단순화와 편향을 꾸준히 개선해나가야 합니다. 세상은 계속해서 개선해나갈 기회로 가득하며, 어떤 문제이든지 더 나은 답이 반드시 있다는 열려 있는 생각이 필요합니다. 리더의 최종 목표는 무엇이 답인지 고르는 것이 아니라, 더 나은 답을 창조하는 것이기 때문입니다.

GE 회장을 지낸 잭 웰치는 동의와 찬성만 하는 이들과는 함께 앉아 있기 싫다고 말했습니다. 그건 시간을 가장 헛되이 쓰는 방법이라고까지 말했죠. 피터 드러커 역시 올바른 의사결정의 기반이 되는 폭넓은 이해는 여러 의견이 충돌하는 과정에서, 그리고 서로 모순되는 대안에 대한 진지한 고려에서 성장한다고 했습니다. 창조성은 예술가만을 위한 재능이 아닙니다. 계약을 성사시키기 위해 새로운 방법을 구상하는 기업가, 문제를 해결하고자 노력하는 엔지니어, 넓은 눈으로 세상을 바라보도록 자녀를 가르치는 부모를 위한 것이기도 합니다.

로저 마틴 · 제니퍼 리엘, 박세연 옮김, 《최고의 리더는 반드시 답을 찾는다》(더퀘스트, 2019)

10

무의식은 우리를 어떻게 지배하는가

- 도널드 트럼프는 대통령선거 유세를 하면서 경쟁자를 향해 '역겹다'라는 표현을 의도적으로 자주 썼다. 왜 그랬을까?
- 날씨는 우리의 기분은 물론 주식시장에도 영향을 미친다. 어떻게?
- 금연 광고를 보고 나온 사람들이 광고를 보지 않은 사람들보다 더 많이 담배를 피운다. 왜 그럴까?

세 개의 질문에 대한 답변에는 공통으로 포함되는 단어가 있습니다. '무의식'입니다.

- 트럼프는 2016년 미국 대통령 선거에서 경쟁 후보였던 힐러

리 클린턴을 향해 '역겹다'라는 말을 반복함으로써 대중이 무의식적으로 힐러리를 기피하게 했습니다. 인간은 '역겹다'와 같은 부정적인 말을 들으면 불안정성을 느끼게 되고, 이는 보수적 심리를 부추깁니다.

- 행복하냐는 질문을 받을 때, 날씨가 흐린 날보다 화창한 날에 더 긍정적인 답변이 나옵니다. 날씨는 무의식적으로 사람들의 기분에 영향을 미치며, 인생에 대한 만족도는 주식 거래량까지 좌우합니다.

- 금연 광고는 담배에 대한 이미지를 연상시켜 흡연 욕구를 증폭시킵니다. 그래서 의도와 달리 담배를 더 피우게 됩니다.

이 세 가지는 우리 삶을 지배하는 무의식의 일면을 보여줍니다. '무의식'의 발견은 지크문트 프로이트의 최대 업적으로 꼽힙니다. 프로이트는 이렇게 말했습니다.

"인간은 과거로부터 자유롭지 않다. 원시 시절부터 이어져 온 생존과 짝짓기, 협동에 대한 욕구는 우리의 무의식 속에 저장돼 있어서 우리 자신조차 이해하지 못하는 행동을 하게 한다."

인간의 의식은 드러나 보이는 빙산의 일각일 뿐입니다. 무의식은 우리가 모르는 사이에 일상에 침투해 우리의 인생을, 더 나아가 세상을 좌우합니다. 존 바그(John Bargh) 예일대학교 심리학과 교수는 그러나 "우리가 무의식에 대해 모르기 때문에 제대로 대응할 수 없다고 단정 지어서는 안 된다"고 말합니다. 의식과 무의식의 상호 작용을 이해하는 틀을 제대로 갖추면 나쁜 습관을 깨고 올바른 의사결정을 할 수 있게 된다는 것입니다.

바그는 무의식을 극복해 나쁜 습관을 변화시키거나, 새롭게 좋은 습관을 만드는 방법으로 '실행 의도 기법'을 추천합니다. 의도를 수행하는 시간과 장소, 방법을 구체적으로 계획하는 방법입니다. 예를 들어 아버지에게 '사랑한다'고 말하고 싶다는 남학생들을 두 그룹으로 나눠 각각 다른 실행 방법을 지시했습니다. 한 그룹에는 '아버지께 사랑한다고 말씀드릴 거야'라는 식으로 목표에 대한 의지를 다지게 했습니다. 다른 그룹에는 '아버지가 기차역으로 데리러 나오시면 차에 타서 사랑한다고 말씀드릴 거야'라는 식으로, 구체적인 계획을 세우게 했습니다. 구체적인 '실행 의도'가 단순한 '목표 달성 의도'보다 훨씬 좋은 성과를 낸 것은 물론입니다.

의식과 무의식은 서로 영향을 미치고, 서로를 지지해준다는 게 바그의 결론입니다.

"의식적으로 구체적인 행동을 반복적으로 실행함으로써 그 행동을 무의식으로 밀어 넣을 수 있고, 시간이 지나면 습관이 돼 처음에는 하기 힘들었던 행동도 나중에는 큰 힘을 들이지 않고 할 수 있게 된다."

존 바그, 문희경 옮김, 《우리가 모르는 사이에》(청림출판, 2019)

11

왜 같은 실수를 반복하는가

미국 애틀랜타에 사는 다이애나 듀서는 2004년 '잘 보존된' 10년 짜리 그릴 치즈 샌드위치를 경매에 내놔 2만 8,000달러(약 3,000만 원)에 팔았습니다. 10년 된 샌드위치는 뭐고, 이 엄청난 가격은 또 뭘까요. 듀서는 샌드위치를 구운 프라이팬 자국에 성모 마리아의 형상이 새겨져 있었다고 주장했습니다. 그래서 이 샌드위치가 단 숨에 '신성한 기념물'의 반열에 오른 겁니다.

인간이 특정 신념에 지배당할 때 벌어지는 믿기지 않는 일은 이 밖에도 비일비재합니다. 인간의 지각이 '일상적인 착각과 편향'에 큰 영향을 받기 때문에 무수한 방식으로 기만당하는 것이죠.

"인간의 오감은 서로 관련돼 있으며, 뇌가 그것들을 어떻게 기록 하고 해석하느냐에 따라 지각이 달라진다. 수면 부족 상태에서의 기억 왜곡과 지각의 혼란, 술을 마셨을 때 상대방이 실제보다 더 매력적으로 보이는 비어 고글(beer goggle) 현상 등이 이에 해당한다."

미국 안과의사이자 인간지각 전문가인 브라이언 박서 와클러 (Brian Boxer Wachler)는 편견과 오해, 착각과 오류, 환상과 망상, 자기기만 등 올바른 지각을 방해하고 공격하는 요인은 부지기수라고 말합니다. 우리는 세계를 있는 그대로 보고 이해한다고 생각하지만 모든 것은 보이는 대로 존재하는 것이 아니며, 많은 요인이 우리의 지각에 영향을 미친다는 것입니다.

많은 사람이 충동구매를 되풀이하는 것 역시 이런 '지각지능 (Perceptual Intelligence, PI) 미숙' 탓입니다. "내가 왜 그랬는지 몰라. 뭐에 씌었나 봐"라며 충동구매를 후회하는 것도 잠시, 같은 실수를 반복하는 사람이 많은 게 그 때문이죠. 물건 구입에서만 그런 게 아닙니다. 투표나 종교적 선택 등에서도 비슷한 일이 일어납니다. 우리의 지각지능과 감정이 구매 당시에는 흐려졌다가 비로소 본모습을 되찾는다는 것이 슬픈 진실인 거죠. 정신을 차린 후 무슨 짓을 했는지 깨닫고 나면 멍청했고, 쓸데없이 낭비했으며, 속았다는 생각이 들어 당황하고 실망하게 됩니다. 하지만 그런 후회는 잠시뿐입니다. 뇌에서 전격적으로 분출한 도파민 때문에 구매할 때의 느낌에 들떠 있어서 자신이 얼마나 어리석게 굴었는지를 잊어버리고 충동에 또 지고 맙니다.

이런 굴레에서 벗어나려면 지각지능을 높여야 합니다. 와클러는 지각지능이 '획득된 기술'이라고 말합니다. 자각과 함께 시작되고 연습을 거쳐 습관이 된다는 겁니다. 그러므로 어떤 상황이나 환경에 대해 과잉 반응을 보이던 사람도 적절한 지식이나 다른 시각을 갖게 되면 '과연 내가 상황을 올바르게 해석하면서 최선의 선택을 하고 있는가?' 하는 의문을 품게 됩니다.

세상을 살아가면서 어떤 사건을 만나느냐는 내가 결정할 수 없을지라도, 어떻게 대응하느냐는 선택할 수 있습니다. 많은 사람은 충격적인 사건을 극복한 뒤 그때의 경험을 바탕으로 인생을 좌우하는 결정을 내립니다. 그런 사태에 대한 시각에 따라 삶이 긍정적인 방향으로 바뀔 수도 있고, 부정적인 방향으로 바뀔 수도 있습니다. 결과를 결정하는 것은 사건 자체가 아니라 우리의 대응입니다.

브라이언 박서 와클러, 최호영 옮김, 《지각지능》(소소의책, 2019)

12

진실은 경합한다

헝가리에서 2002년부터 10년 동안 24~34퍼센트를 오르내리던 외국인 혐오자 비율이 2016년에는 53퍼센트로 치솟았습니다. 시리아와 아프가니스탄, 이라크 출신 난민 수십만 명이 헝가리로 몰려들면서 나타난 변화입니다. 그런데 난민들의 목적지는 헝가리가 아니었고 독일, 오스트리아 등으로 가는 과정의 경유지일 뿐이었습니다. 잠시 거치는 정도였으므로, 대다수 헝가리인은 난민을 마주칠 일조차 없었습니다.

헝가리인들에게 외국인 혐오증의 불을 지른 건 그 나라 정부였습니다. 정부가 후원한 광고에서 '파리 테러 공격이 이민자 짓이라는 걸 아십니까?'라고 묻는가 하면, '유럽에서 이민자들이 몰려든 이후 여성 성추행이 증가한 사실을 아십니까?'라는 자극적 화면까지 내보냈습니다. 헝가리인들 사이에 외국인 혐오증이 폭발하게 된 배경입니다.

이는 '사실(fact)'이란 이름으로 얼마나 많은 진실이 편집되고 왜곡되는지를 일깨워주는 사례입니다. 전략 커뮤니케이션 컨설턴트인 헥터 맥도널드(Hector Macdonald)는 사실을 말한다고 해서 그것이 곧 진실은 아니라고 말합니다. 다양한 정보와 사실 가운데 어떤 것을 취하느냐에 따라 진실이 편집될 수 있다는 주장입니다.

예컨대 '인터넷 덕분에 전 세계 지식을 폭넓게 접할 수 있다'는 말과 '인터넷 때문에 잘못된 정보와 증오의 메시지가 훨씬 더 빨리 확산된다'는 얘기는 둘 다 사실입니다. 이처럼 모든 일에는 다양한 측면의 진실이 있습니다. 그렇기에 특정 사람이나 사건, 물건, 정책을 서로 다른 각도에서 합당하게, 심지어 똑같은 정도로 합당하게 묘사할 수 있죠.

우리가 지각하는 현실은 대부분 남들이 알려주는 내용에 의해 규정됩니다. 지각이 행동으로 연결되므로, 어떤 '진실'을 선택하느냐에 따라 사고방식은 물론 행동까지 결정됩니다. 잘못된 현실 인식을 의도적으로 만들어내는 '왜곡된 진실 편집'을 주의해야 하는 이유입니다. 불리한 현실에서 대중의 관심을 다른 데로 돌리는 '어지럽히기'나 잘못된 과거를 감추는 '과거 역사 편집'을 비롯하여 '유리한 기준으로 설명하기', '단어 비틀기', '부정적인 별명 붙이기' 등 진실을 왜곡하는 수법은 다양합니다.

자산관리사가 다양한 펀드 상품 가운데 가장 실적이 좋은 상품의 성장률만 발표하는 것이나 소셜네트워크서비스(SNS)에 잘 나온 사진만 올리는 것은 '생략 기법'입니다. 숫자를 크게 또는 작게 보이게 하는 것, 특정 통계수치만 인용하거나 생략하는 것도 전형적인 진실 편집입니다. 한국 대법원의 강제징용 판결에 대해 일본 정부가 국가 간 합의 위반이라고 목소리를 높이고 있지만, 과거사에 대해 언급하지 않는 것은 '맥락 무시하기'입니다.

　맥도널드는 "현실은 수만 조각으로 깨진 거울"이라고 말합니다. 진실은 아흔아홉 개의 얼굴을 가졌으며, 인간은 태생적으로 자신의 목적에 맞게 진실을 편집하고 소비하는 존재라는 것입니다.

　진실을 왜곡하고 오도하는 자들이 활개 치는 것은 우리가 의심하지 않기 때문이라며, 맥도널드는 이렇게 강조합니다.

　"의심하라. 명확한 설명과 확언을 요구하라. 여지를 주지 말라. 뭔가 빠져 있다 싶으면 물어보라."

헥터 맥도널드, 이지연 옮김, 《만들어진 진실》(흐름출판, 2018)

13

돈 제대로 쓰는 법

잠긴 문을 열기 위해 열쇠 수리공을 불렀다고 해봅시다. 2분 만에 문을 따준 수리공과 한 시간 걸려 문을 열어준 수리공이 있다면, 누구에게 수고비를 지급하는 게 더 합리적일까요?

대부분은 한 시간 동안 낑낑대며 문을 열어준 수리공에게 주는 돈은 당연하다고 생각합니다. 그런데 2분 만에 뚝딱 해결해준 수리공에게 주는 돈은 아까워하죠. 전자는 내 시간을 한 시간이나 허비하게 했고, 후자는 2분밖에 쓰지 않았는데 말입니다.

행동경제학자인 댄 애리얼리(Dan Ariely) 듀크대학교 교수는 '돈에 관한 편견 치유법이자 실수 방지법'을 알려줍니다. 먼저, 우리가 돈을 쓸 때 실수를 저지르는 이유와 주의해야 할 점을 다음과 같이 몇 가지로 정리합니다.

- 첫째, 기회비용을 무시한다. 지금 무엇인가를 구매한다면, 그 대가로 희생하는 것이 무엇인지 늘 염두에 둬야 한다. 모든 것이 상대적임을 망각하는 것도 문제다. 세일 상품을 살 때 그 상품의 정가를 고려 대상으로 삼지 말아야 한다.
- 둘째, 신용카드가 돈을 지급하는 고통을 잊게 해주면서 지출을 늘린다는 사실도 기억하라.
- 셋째, 지출과 관련된 오랜 습관에 의문을 제기하라.
- 넷째, 자신에게 가치 있는 게 무엇인지를 우선 생각하라.
- 다섯째, 돈을 지출할 때 돈의 출처를 갖고 지출을 정당화하지 않도록 하라. 1달러는 똑같은 1달러일 뿐, 그 돈이 어디에서 나왔는지는 중요하지 않다.

우리에게 무엇보다도 큰 문제는 돈을 지나치게 강조한다는 점입니다. 가격은 가치를 표시하는 속성 가운데 하나이지, 유일한 속성은 아닌데도 말이죠. 애리얼리는 의사결정을 할 때 가격은 단지 숫자일 뿐임을 명심하라고 강조합니다. 돈에 대해 더 많이 생각한다고 해서 더 좋은 결정을 할 수 있는 게 아님은 실증된 사실입니다. 아니, 오히려 더 잘못된 선택을 하기 쉽습니다. 가치 판단에 실패한 사람들은 잘못된 선택을 하게 되고, 돈을 쓰고 나서 늘 후회하게 됩니다.

어떤 것을 소유하고 나면 그것을 과대평가하고, 효용이 떨어졌는데도 쉽게 처분하지 못하는 '소유 효과'도 경계해야 합니다. 이런 '소유의 함정'에서 벗어나기 위해서는 심리적으로 자신을 소유물로부터 떼어놓는 노력이 필요합니다.

애리얼리는 돈이 생각에 얼마나 강력한 영향력을 미치는지를 이해하게 되면, 돈과 상관없는 분야의 의사결정도 더 잘할 수 있게 된다고 일러줍니다. 돈과 관련한 결정은 단지 돈이 아니라 그 이상의 것에 대한 결정이기 때문입니다. '시간을 어떻게 쓸 것인가', '다른 사람을 어떻게 포용할 것인가', '인간관계를 어떻게 더 나은 방향으로 발전시킬 것인가', '어떻게 하면 더 행복해질까', '궁극적으로 내 주변의 세상을 어떻게 이해할 것인가' 등을 고민하게 된다는 것입니다.

"돈 쓰기의 문제는 비단 돈에 대한 이야기만이 아니라 우리가 세상을 어떻게 바라보고, 무엇을 중요하게 생각하며, 어디에 중점을 둘 것인가에 대한 하나의 잣대가 된다. 돈은 나의 가치관과 상대의 가치관을 알 수 있게 되는 기준이자, 이 세계를 살아가는 방식을 표시해주는 가장 중요한 도구이다."

제프 크라이슬러 · 댄 애리얼리, 이경식 옮김, 《댄 애리얼리 부의 감각》(청림출판, 2018)

14

성공적으로 '멍 때리는' 일곱 가지 방법

남성용품 전문 회사 질레트는 오랄B 칫솔과 브라운 전기면도기, 듀라셀 배터리를 만들면서도 '배터리로 작동하는 진동 칫솔' 아이디어는 생각해내지 못했습니다. 각 브랜드 사업부가 자체 제품과 업무에만 지나치게 집중한 탓이었습니다. '과잉 집중'이 혁신을 제약한 대표적인 사례로 꼽힙니다.

개인도 다르지 않습니다. 무조건적인 집중이 능사는 아니며, 인간의 뇌는 '비(非)집중 모드'일 때가 가장 창의적입니다. 스리니 필레이(Srini Pillay) 하버드대학교 정신건강의학과 교수의 '집중력'에 대한 통찰이 이 점을 잘 짚어줍니다. 필레이는 '집중은 좋은 것, 비집중은 나쁜 것'이라는 이분법적 사고에서 벗어나 가끔씩 '멍 때리기'에 빠질 필요가 있다고 말합니다. 그는 이 문제를 광선에 비유했습니다. 집중하는 것이 길 앞을 똑바로 비추는 폐쇄적이고 좁은 광선이라면, 비집중은 먼 곳까지 비춰 주변을 볼 수 있게 해주는 넓은 광선이라고 말입니다. 집중과 비집중을 적절하게 결합해서 새로운 리듬을 만들면 생산성과 창의성, 독창성을 크게 발휘할 수 있다고 조언합니다.

자동차를 운전하던 도중 '종합효소 연쇄반응 기법' 아이디어를 떠올린 미국 생화학자 캐리 뱅크스 멀리스(Kary Banks Mullis), 2년간 서곡 200편을 작곡한 게오르크 필립 텔레만(Georg Philipp Telemann), 시카고심포니오케스트라를 세계 정상 반열에 올린 프리츠 라이너(Fritz Reiner) 등의 업적이 모두 '멍 때리기'의 소산이라고 합니다.

필레이는 효과적으로 멍 때리는 일곱 가지 방법을 다음과 같이 제시했습니다.

- 몽상: 비현실적이거나 실재하지 않는 막연한 생각을 머릿속에 떠올려라.
- 마음 방랑: 분명한 기억과 흐릿한 기억을 오가며 행동을 질적으로 향상시켜라.
- 상상: '만약 ~라면 어떻게 될까'처럼 상상력을 재미있게 활용하라.
- 공상: 크게 힘들이지 않아도 할 수 있는 것부터 만지작거려라.

- 자기 대화: 일인칭이 아니라 '너'라고 부르거나 이름을 부르는 식으로 자기와 대화하라.
- 몸을 사용하라: 몸을 특정 방식으로 사용해 자신만의 인지 리듬을 활성화하라.
- 명상: '나는 누구인가'를 주기적으로 묻고, 긴장에서 벗어나라.

스리니 필레이, 안기순 옮김, 《멍 때리기의 기적》(김영사, 2018)

15

독창성이 먼저일까, 모방이 먼저일까

"한때는 라파엘로처럼 그렸지만, 아이들처럼 그리는 법을 배우기까지 평생이 걸렸다."

입체파 미술의 대가로 불리는 파블로 피카소가 한 말입니다. 피카소는 난해한 추상화 작품으로 이해할 수 없는 그림을 그린다는 비아냥을 듣기도 했지만, 10대 시절 대가들의 구상주의 작품을 그대로 모사하며 탄탄한 회화 실력을 닦았습니다. 마드리드의 프라도미술관, 파리 루브르박물관에 전시된 작품들을 거의 빼놓지 않고 베껴 그리면서 자기만의 방식을 찾아나갔습니다.

'창의성은 어떻게 꽃피우는 걸까? 자립성을 길러주는 게 우선일까, 아니면 반복훈련이 먼저일까?'

하워드 가드너(Howard Gardner) 미국 하버드대학교 심리학과 교수는 네 차례에 걸친 중국 방문을 통해 이 화두를 품게 됐습니다.

"미국인 하워드 부부는 한 살을 갓 넘은 아들 벤저민이 호텔 열쇠를 반납함에 넣으려고 애쓰지만 잘 안 되는 모습을 그저 지켜본다. 반면 지나가던 중국인 대부분은 벤저민의 손을 잡고 반납함 구멍으로 부드럽게 이끌어준다. 시행착오는 시간 낭비라는 중국인의 생각이 드러나는 행동이었다."

가드너는 이 대조적인 모습을 통해 미국과 중국 교육의 핵심을 짚어냈습니다. 미국은 자립성과 독창성이 창의성의 원천이라고 생각하는 반면, 천자문 암송과 서예로 대표되는 중국식 교육은 반복을 통해 빠르게 기초 기술을 습득하는 것을 우선으로 한다는 겁니다. 그는 중국 방식을 섣불리 비판하지 않습니다. 중국이 모방과 반복훈련을 강조하는 교육으로 세계적인 문화를 일궈냈고, 창의적인 인재를 배출해왔기 때문입니다. 대신 그는 미국식과 중국식 교육을 효과적으로 결합하는 연구에 착수했습니다.

"창의성이 뛰어난 유아기 시절(7세 이하)에는 반복훈련보다는 독창성을 북돋워 주는 게 적절하다. 아동 중기(14세 이하)부터는 기술 연마가 중요해진다. 기술이 습득되지 않으면 자칫 흥미를 잃을 수 있기 때문이다. 청소년기부터는 자신이 지닌 독창성과 기술을 바탕으로 사회와 소통해야 한다."

사람들은 대부분 창의성을 '개인의 산물'로 여깁니다. 하지만 가드너는 타인과 자신이 속한 세계의 상호작용을 통해 길러진다고 생각합니다. 아이들은 자신의 결과물을 교사 및 친구들과 공유하고 비평하면서 사회의 전통과 관습을 이해하게 되고, 그 과정에서 이를 혁신할 수 있는 창의성이라는 꽃을 피우게 된다는 겁니다. 한마디로, '창의성은 무엇인가'라는 질문을 버리고 '창의성은 어디에 있는가'로 바꿔 물어야 한다는 거죠.

"창의성은 아주 어렸을 때부터 계발될 필요가 없다. 창의성은 의외의 상황에서, 예상치 못한 개인에게서, 생애의 전 기간에 출현할 수 있다."

하워드 가드너, 김한영 옮김, 《창의성의 열쇠를 찾아서》(사회평론, 2018)

16

잔재주는 집어치우고, 진실을 고수하라

- JUST DO IT.

- Think Different.

- 열심히 일한 당신, 떠나라.

- 침대는 가구가 아닙니다. 과학입니다.

많은 사람에게 강렬한 인상을 심어준, '대박'을 터뜨린 광고 카 피들입니다. 이렇게 멋진 카피를 쓰는 일이 한때는 광고인들의 전 유물이었지만, 요즘에는 보다 많은 사람에게 필요한 능력이 됐습 니다.

우리 대부분은 보고서, 프레젠테이션, SNS 등 거의 매일 뭔가를 말하고 써야 하는 상황 속에서 살고 있습니다. 머릿속 생각을 횡설

수설하지 않고 힘 있는 언어로 표현하는 것은 선택이 아닌 필수가 되어가고 있습니다. 특히 조직의 리더에게는 일상에서 언어를 어떻게 다루느냐가 매우 중요한 과제입니다. 듣는 이의 가슴을 파고드는 문장, 자기 생각을 한마디로 잘 담아낸 표현을 어떻게 끌어내느냐가 중요한 시대입니다.

미국의 전설적인 카피라이터 핼 스테빈스(Hal Stebbins)는 후배 광고인들을 위해 '카피 쓰기 지침'을 만들었습니다. 그는 훌륭한 아이디어가 하늘에서 뚝 떨어지는 경우는 드물다며, 좋은 아이디어는 땅에서 나온다고 강조합니다. 그러니 깊이 파야 한다고 말이죠. 어떻게 하는 게 '땅을 깊이 파고드는 것'일까요.

"잔재주는 집어치우고 진실을 고수하라. 그 진실을 '흥미진진한 진실'로 만들라. 말하는 '방식'이 아니라 '하려는 말'에 힘을 줘라."

스테빈스는 아이디어를 도출하는 방법을 '축적, 사고, 잉태, 희열'의 네 단계로 나눠 설명했습니다. 팩트란 팩트는 모조리 쓸어 담고 저장하는 축적, 곰곰이 생각하는 사고, 전혀 다른 일을 하면서 아이디어가 나오도록 무의식을 자극하는 잉태, 아이디어가 샘솟기 시작하는 희열의 단계를 밟으라는 것입니다. 작가라면 누구나 '건강한 불만족'을 활용해야 한다는 것이 그의 주장입니다.

"발전적인 사람에게 '졸업'이란 없다. 시야가 계속해서 넓어지는데, 가만히 서 있을 수는 없다. 올라가거나 내려가거나 둘 중 하나다."

요컨대 멋진 광고 카피라는 '열매'는 거저 맺히는 게 아니라, 치열하고 철저한 노력을 통해 얻을 수 있다는 얘기입니다.

"반짝여라. 번득여라. 하지만 무엇보다도 착실하고, 진실해라."

스테빈스가 남긴 것은 '카피 쓰기의 지침'이지만, 매일 뭔가를 쓰고 소통해야 하는 사람들 모두에게 필요한 것을 일깨워줍니다. 복잡다단한 세상을 살아가는 모두를 일깨워주는 인생의 나침반으로도 받아들여집니다.

"언어의 뿌리는 중요하다. 더 중요한 것은 삶의 뿌리다."

핼 스테빈스, 이지연 옮김, 《카피 공부》(윌북, 2018)

17

천재를 바보로 내모는 평균의 함정

"학창 시절 나는 게으르고 한심한 아이로 취급받았다. '문제아'라는 편잔을 달고 지냈다."

교육신경과학 분야 최고 권위자로 꼽히는 토드 로즈(Todd Rose) 하버드대학교 교육대학원 교수의 얘기입니다. 결국 고교생 시절 성적 미달과 ADHD(주의력결핍과잉행동장애)로 학교에서 쫓겨났습니다. 그랬던 그가 인생 반전을 맞이한 건, 학교에서 인정받지 못했던 자기만의 고유한 재능을 발견해 스스로 공부한 덕분이었습니다.

아이들은 저마다 다른 재능을 타고납니다. 암기력이 좋은 아이가 있고, 상황 판단이 빠른 아이가 있고, 수리적 이해가 높은 아이가 있고, 예술적 감각이 뛰어난 아이가 있습니다. 학교에서의 교육은 이런 다차원적인 개인성(individuality)을 무시합니다. '연령별 평균 지능'이라는 기준에 따라 학습 과목과 난이도를 정해놓고는, 점수가 '평균'보다 높은지 낮은지로 모든 것을 평가합니다.

로즈는 이런 평균주의 함정을 통렬히 비판하면서 대안을 제시합니다. 현대 사회와 기업, 공교육 전반을 지배하는 평균주의의 일차원적·본질주의적·규범적 사고를 극복하기 위해서는 '들쭉날쭉, 맥락, 경로'라는 개인성의 3원칙을 중시해야 한다는 주장입니다.

첫째, 재능·지능·성격·창의성 등 인간이 가진 대부분 특성이 '들쭉날쭉'하다는 것입니다. 그는 '공부 잘하는 사람이 일도 잘한다'는 식으로 개인에게는 '전반적 지능'이 있다는 일차원적 가설을 거부합니다.

둘째, 맥락의 원칙은 인간은 내향적인 동시에 외향적이고, 이성적인 동시에 감정적인 모순적 성향을 갖고 있으며, 상황과 맥락에 따라 다르게 반응한다는 것입니다.

셋째, 경로의 원칙은 신체와 지능 등의 '정상적인' 발달 속도나 경로를 인정하지 않는다는 것입니다. '빠를수록 더 똑똑하다'는 것은 거짓말이며, 개개인에게 적절한 발달경로가 따로 있다는 주장입니다.

로즈는 근대의 산물인 평균주의가 사회 발전의 수많은 난제를 해결하고, 산업화 시대의 틀을 다졌으며, 부를 창출하는 바탕이 됐다는 건 어느 정도는 인정합니다. 하지만 여기에는 대가가 따랐다고 말합니다. 개개인의 가치와 특성, 잠재력을 억압하고 개인성의 존엄성을 상실케 하는 등 결함과 폐해가 적지 않았다는 겁니다. 그리고 이제 더는 산업화 시대가 아니라는 점을 일깨웁니다. 앞으로의 사회 발전은 개개인의 특기와 장점을 얼마나 잘 활용하느냐에 달려 있다고 강조합니다.

구글, 마이크로소프트, 딜로이트, 코스트코 등의 기업은 '개인성의 원칙'을 업무 전반에 도입해 혁신이 조직망 구석구석에서 수시로 일어나게 했다는 사례도 소개합니다.

"평균이라는 허상이 이제껏 교육을 속여왔다. 4차 산업혁명 시대를 맞아 그것을 깨부수는 일부터 서둘러야 한다."

토드 로즈, 정미나 옮김, 《평균의 종말》(21세기북스, 2018)

18

케네디는 왜 미국 최악의
참사를 저질렀나

미국 제35대 대통령(1961~1963)을 지낸 존 F. 케네디는 미국 역사상 가장 높은 인기를 누린 지도자입니다. '미국의 관문'으로 불리는 뉴욕의 존에프케네디 국제공항과 플로리다주에 있는 우주선 발사기지(케네디우주센터)에 그의 이름을 붙였을 정도로 굵직한 족적을 남겼습니다. 소련과의 우주개발 경쟁을 본격화해 유인우주선 아폴로호를 달에 착륙시키도록 기반을 다진 것이 대표적인 업적이죠. 이로써 미국인들에게 '하면 된다'는 자신감을 갖게 한 지도자로 오늘날도 여전히 추앙받고 있습니다.

그런 케네디이지만, 대단히 불명예스러운 기록도 남겼습니다. 취임 3개월이 막 지난 시점에 터진 '피그만 참사'는 본인은 물론 미국에 씻기 힘든 치욕을 안긴 사건으로 기록돼 있습니다. 미국은

1961년 4월 17일 쿠바 남쪽 피그만에 여덟 척의 배를 보냈습니다. 이 배에는 피델 카스트로 정권을 전복하려는 쿠바 망명자 1,500여 명이 상륙부대원으로 타고 있었습니다. 이 작전은 참담한 실패로 끝났습니다. 상당수가 사살되고 1,000명 이상이 포로로 잡혔습니다. 미국은 국제적 망신을 당해가며 쿠바에 배상금을 물어줬고, 오히려 독재자 카스트로가 권력 기반을 확고하게 닦도록 도와주는 결과가 됐습니다.

이 사건은 '집단적 사고'와 '동조화 현상'의 폐해가 작용한 대표적 사례입니다. 케네디 대통령이나 참모들이 무능해서 이런 결정을 한 게 아니었습니다. 개개인의 역량은 뛰어났지만 의사결정 과정에서 아무도 반대하거나 대안을 제시하지 않았던 게 원인이었습니다. 비슷한 사람끼리 모인 집단에서는 자신들의 결정을 더욱 확신하게 됩니다. 외부에 대해서는 편향된 시각을 갖고, 대안이나 반대 의견은 간과합니다. '쿠바를 공격할 것인가, 아니면 쿠바를 카스트로에게 넘겨줄 것인가'라는 극단의 결론만 놓고 논의한 결과 이런 결말이 나온 것입니다.

캐스 R. 선스타인(Cass R. Sunstein) 하버드대 로스쿨 교수는 《왜 사회에는 이견이 필요한가》라는 책에서 다른 의견을 내지 못하는 조직은 불행해진다고 강조했습니다. 타인의 의견에 동조만 하다 보면 사회적 쏠림이 나타나고, 그 쏠림이 집단 편향을 불러와 자칫 극단적인 결과를 초래한다는 겁니다.

그래서 가톨릭교회에서는 '악마의 변호인(devil's advocate)'을 두고 있습니다. 악마의 변호인은 성인(聖人)을 추대할 때 그 대상자의 행적이나 인격의 결함을 추적하고, 일부러 곤란한 질문을 던지는 역할을 맡은 사람을 가리키죠. 무조건적인 추앙은 위험하니 일부러라도 견제가 필요하다는 취지의 제도입니다. 이처럼 이견을 유도하고 존중하는 분위기와 절차를 마련하는 것이 발전과 도약을 위한 지름길입니다.

캐스 R. 선스타인, 송호창 옮김, 《왜 사회에는 이견이 필요한가》(후마니타스, 2015)

CHAPTER

4

CEO가 알아야 할
시대의 교양

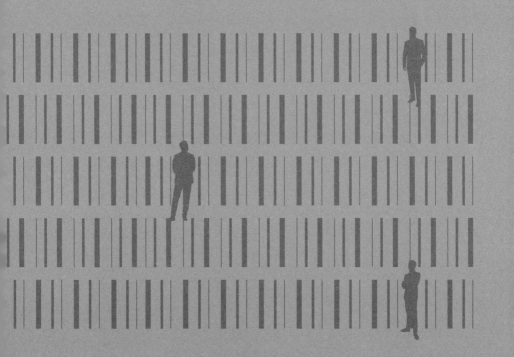

훌륭한 매너란 무엇인가

세상을 살아가면서 지켜야 할 '매너'가 많습니다. 인사법, 식사 예절, 음주 예절 등 사회적 관계를 이뤄나가는 대부분 분야에서 우리는 '적절한' 매너를 요구받습니다. 제대로 지키지 않으면 어딘가 이상하거나 모자라는 사람으로 낙인찍히기 십상입니다. 그런데 왜 그런 걸 지켜야 하는 건지, 제대로 아는 사람은 많지 않습니다.

매너라는 건 어떻게 시작됐고, 왜 지키도록 요구받게 됐을까요? 예를 들어 아는 사람이 시야에 들어오면 오른손을 들어 알은체를 하는 게 일반적인 인사 예법입니다. 이 습관의 원래 주인은 로마 군인들이라고 합니다. 손에 무기가 없다는 것을 증명하기 위해 오른손을 들었던 겁니다.

악수도 마찬가지입니다. 다른 사람에게 손을 내밀면서 손에 칼

이나 비슷한 무기를 숨기고 있지 않다는 것을 증명하려 한 데서 비롯됐습니다. 모자를 벗어드는 인사법은 더 의미심장합니다. 이는 중세 기사들이 군주나 친구들 앞에서 적대적 의도가 없음을 보여주기 위해 투구를 벗어 든 데서 유래했습니다. 기사들에게 맨머리를 드러낸다는 것은 단순한 의미가 아니었습니다. 목숨을 내놓는다는 뜻이었죠. 그렇게 출발한 모자 인사법이 유럽에서 역병이 창궐하던 때는 악수를 대신하는 인사법으로 주목받았습니다. 다른 인사법보다 확실히 위생적이긴 하죠.

모든 인사법이 좋은 뜻을 담은 것은 아닙니다. 《매너의 문화사》를 펴낸 아리 투루넨(Ari Turunen)과 마르쿠스 파르타넨(Markus Partanen)은 오늘날 예의 바르다고 평가받는 많은 풍습의 이면에는 한 번쯤 의심해볼 만한, 때론 비양심적이라고까지 할 만한 이야기가 숨어 있다고 말합니다.

여성에게 문을 열어주고 먼저 지나가게 하는 게 단적인 예입니다. 이 예법은 중세 기사들에 의해 시작됐고, 지금도 이렇게 하는 게 '기사도'로 여겨집니다. 그런데 중세 기사들이 정말로 여인을 위해 양보했던 걸까요? 언제, 어디서 위험과 마주칠지 알 수 없었던 기사들은 여자들을 먼저 통과하게 함으로써 문 뒤에 매복해 있을지도 모르는 암살자를 유인하려고 했다고 합니다.

'매너'라는 것에 대해 짚어봐야 할 게 또 있습니다. 우리가 누군가에게 '매너가 없다'고 말할 때 그 의미는 '우리 집단의 예법을 모르는 얼치기'라는 것입니다. 특정한 행위의 기호를 정해놓고는 '우리'와 '남들'을 가르는 것입니다.

두 저자는 자신이 속한 집단의 문화가 다른 집단보다 낫다는 생각은 뿌리가 매우 깊다고 밝힙니다. 예를 들어 'barbar(야만)'라는 영어 단어는 외국인을 비하한 고대 그리스의 의성어에서 유래했습니다. 그리스인들의 귀엔 외국인들의 언어가 마치 'barbar' 하고 개가 짖는 소리처럼 들렸다고 합니다. 외국인들을 개와 같은 발달 수준에 있는 것으로 규정한 셈이죠.

'코드로서의 매너'는 시대에 따라 모습을 달리해왔고, 앞으로 또 어떻게 바뀔지 모릅니다. 중요한 것은 외양으로서의 매너를 지키는 게 아닙니다. 최고의 예절은 언제나 진심에서 우러나와야 합니다. 매너의 본질이 다른 사람을 제대로 배려하려는 마음이기 때문입니다.

아리 투루넨 · 마르쿠스 파르타넨, 이지윤 옮김, 《매너의 문화사》(지식너머, 2019)

02

우리는 왜 웃는가

오스카 와일드가 극본을 쓴 희곡을 공연한 첫날, 관람객이 별로 찾지 않아 극장이 썰렁했습니다. 잔뜩 실망한 그에게 친구가 오늘 공연이 어땠느냐고 물었습니다. 와일드는 잔뜩 거드름을 피우며 대답했습니다.

"연극은 대성공인데, 관람객이 대실패였어."

그런 그가 어느 날 '좋다고 생각하는 문학작품 100개를 선정해달라'는 부탁을 받았습니다. 그의 대답은 이랬습니다.

"유감스럽게도 100권이나 되는 책을 꼽을 수가 없소. 내가 아직 책을 아홉 권밖에 쓰지 못했으므로."

듣는 사람의 얼굴에 미소가 절로 떠오르게 하는 유머입니다. 유머의 본질은 무엇이고, 사람들의 웃음에는 어떤 의미가 있을까요?

사실 유머엔 다중적인 의미가 담겨 있습니다. 예를 들어 영국 문화에서 발달한 즉흥적인 유머, 즉 '위트'는 세련되고 우아한 동시에 신사의 멋과 오만함을 드러내죠. 19세기 후반에 활동한 아일랜드 작가 오스카 와일드는 무릎을 치게 하는 위트, 때로는 조롱을 통해 비극을 웃음으로 승화한 인물로 유명합니다.

와일드는 사람들을 움츠러들거나 얼어붙게 만드는 공포조차도 유머로 이겨내게 하는 작품을 남겼습니다. 《캔터빌의 유령》이 대표적입니다. 미국인 목사 가족이 영국의 오래된 저택 캔터빌을 사들여 이주했는데, 이 집에 300년도 넘게 유령이 출몰한다는 것은 공공연히 알려진 사실이었습니다. 수많은 사람이 견디지 못하고 떠난 집을 이 가족은 전혀 신경 쓰지 않습니다. 화가 난 유령은 이들을 겁줘 쫓아내기 위해 매일 복도에 핏자국을 냅니다. 그런데 이들은 핏자국을 보고 오히려 신기해하고, 직접 모습을 드러낸 유령을 보고도 전혀 놀라지 않습니다. 기가 죽는 쪽은 유령입니다.

영국 랭커스터대학교 교수이자 문학비평가인 테리 이글턴(Terry Eagleton)은 "웃음을 자아내는 유머에는 다양한 기능이 있다"고 말합니다. 전통적인 기능 가운데 하나가 풍자를 통해 사회 변화를 이끄는 것이라고 합니다. 인간을 꾸짖어서 덕성을 갖게 할 수는 없지만 풍자는 그렇게 되도록 할 수 있다는 겁니다. 영국 논리학자 프랜시스 허치슨(Francis Hutcheson)이 "인간들은 설교로는 고칠 수 없던 잘못을 웃음거리가 되면서 고칠 수 있다"고 말한 것과 같은 맥락입니다.

웃음은 인간의 일상에서 떼어놓을 수 없는 삶의 일부입니다. 가끔은 자제할 수 없을 정도로 터져 나오기도 하며 전염성도 가지고 있죠. 웃음에는 대체로 적극적인 정신 활동이 개입된다고 합니다. 갓 태어난 아기도 미소를 지을 수는 있지만, 생후 3~4개월은 돼야 제대로 웃을 수 있는 것은 그래서입니다.

유머를 '잠깐의 쉼과 즐거움을 주는 작은 오락'으로 생각하기 쉽지만, 유머가 갖는 의미는 그보다 훨씬 큽니다. 이글턴은 이렇게 비유합니다.

"인생이 연극이라면 절반은 비극이고, 절반은 희극이다. 희극과 유머의 본질을 탐구하는 것은 우리 인생이 갖는 의미의 나머지 절반을 이해하고자 하는 것과 같다."

테리 이글턴, 손성화 옮김, 《유머란 무엇인가》(문학사상, 2019)

삶을 희극처럼 생각한다면

'샤덴프로이데(Schadenfreude)'라는 말을 들어보셨습니까. 남의 불행이나 고통을 보면서 느끼는 기쁨을 뜻합니다. 정반대의 뜻을 담은 독일어의 두 단어 'Schaden(손실, 고통)'과 'Freude(환희, 기쁨)'를 합친 말입니다. 독일 철학자 아르투르 쇼펜하우어가 시기심 실험을 통해 찾아낸 '인간의 가장 사악한 감정'이죠.

종잡기 힘들고 다양한 인간 본성을 어떻게 읽어내야 할까요. 로버트 그린(Robert Greene)이 쓴 《인간 본성의 법칙》에서는 기술이나 도구는 발달했을지 모르지만 인간의 심연 같은 본성은 달라진 바 없다고 말합니다. 사람들은 자신의 행동이 대부분 의식적이고 의지에 따른 것으로 생각하지만, 실제로는 내면 깊숙한 곳에 있는 여러 힘의 지배를 받습니다. 우리 눈에 보이는 것은 내 생각과 기분 등 내면의 힘에 지배당한 결과물일 뿐이죠.

문제는 우리가 남들을 끊임없이 심판한다는 사실입니다. 우리는 남들을 바꾸고 싶어 합니다. 상대가 '나'처럼 생각하고 행동하기를 바라죠. 하지만 하늘 아래 똑같은 사람은 한 명도 없기 때문에 그런 일은 있을 수 없으며, 그래서 우리는 끊임없이 좌절하고 속상해합니다.

쇼펜하우어는 인간관계 때문에 고생하는 이들에게 사람을 하나의 현상처럼 대하라고 조언했습니다. 혜성이나 식물처럼 가치판단의 여지가 없는 대상으로 보라는 얘기입니다. 그런 역시 사람들이 무슨 말이나 행동을 하면 바꾸려 들지 말고, 연구 대상으로 삼으라고 말합니다. 사람을 이해하는 일을 퍼즐을 푸는 것처럼 하나의 재미난 게임으로 만들라는 것입니다. 모든 것을 인간들이 벌이는 희극의 한 장면으로 받아들이라고 하죠.

천성적으로 가진 것에 쉽게 만족하지 못하는 인간의 어리석음, '남의 집 잔디 신드롬'은 안목 있는 사업가들에게 유용합니다. 바라던 것을 얻는 순간 우리 마음은 이미 색다른 무언가를 향해 떠나버립니다. 가브리엘 샤넬(Gabrielle Chanel)이 인간의 이런 '선망의 법칙'을 포착해 시대의 아이콘으로 대성공을 거뒀죠.

늘 남의 잔디가 더 푸르러 보일 수밖에 없는 심리학의 마술을 자극하기 위해서는 몇 가지 전략이 필요합니다. 먼저 손에 잡힐 듯 잡히지 않는 존재가 되기 위해 약간의 냉담함과 주기적으로 모습을 감추는 전략이 필요합니다. 협상을 해야 하는 순간에는 제3자, 제4자를 끌어들여 많은 이의 욕망의 대상이라는 인상을 풍기게 해야 합니다.

인간의 본성은 이렇게 오묘하고 복잡다단하지만, 한 가지 새겨야 할 게 있습니다. 타인과 공감하는 능력을 키워야 한다는 것입니다. 타인을 더 잘 이해할 수 있다면 삶에서 만나는 많은 일에서 긴장과 스트레스를 줄일 수 있습니다. 다만, 상대의 신념을 공격하거나 그의 지능 또는 선의를 의심한다는 느낌을 주어선 안 됩니다. 그랬다가는 방어적 태도만 더 단단해질 테니까요.

로버트 그린, 이지연 옮김, 《인간 본성의 법칙》(위즈덤하우스, 2019)

04

언어에 속지 말고, 몸짓을 관찰하라

"언어가 생각을 감추기 위해 존재한다면, 몸짓은 생각을 드러내기 위해 존재한다."

로그(log)를 창안한 스코틀랜드 수학자 존 네이피어(John Napier) 가 남긴 명언입니다. 사람들의 몸짓에는 어떤 의미가 담겨 있을 까요?

《FBI 관찰의 기술》이라는 책을 쓴 조 내버로(Joe Navarro)는 미국 연방수사국(FBI)에서 25년간 지능 범죄와 테러리즘 분야 특별수사 관으로 활동하며 '관찰의 기술'을 터득한 전문가입니다. 고도로 훈 련된 스파이와 범죄자들을 수사하면서, 그들이 짓는 포커페이스의 이면을 몸짓으로 읽어냈습니다. 이런 독심술이 범죄자의 속마음을 꿰뚫는 데만 필요한 건 아닙니다. 친구나 연인, 배우자를 이해하는 데에도 비(非)언어 커뮤니케이션은 무척 중요합니다.

예컨대 싫은 소리를 듣거나 좋아하지 않는 사람과 대화할 때는 얼굴이 상대를 보고 있더라도 복부는 다른 쪽을 향한답니다. 이를 '복부 부정'이라고 부릅니다. 내버로는 상대가 나와 즐겁게 대화하는 듯해도 배가 다른 쪽을 향해 있다면, 혹시 내가 불편한 이야기를 하고 있는 건 아닌지 돌아보라고 말합니다.

때로는 의도적 비언어를 구사함으로써 자신에 대한 상대방의 인식이나 감정을 바꿀 수도 있습니다. 특정 손동작들은 '자신감 있음'을 명확히 드러내기 때문에 대중 앞에서 연설하는 정치인들이 즐겨 사용합니다. 일상적 대화에서도 손으로 자신감을 드러낼 수 있습니다. 양손은 깍지 낀 상태에서 엄지를 세우는 행동 역시 자신감을 나타낸다고 합니다. 대화할 때 일부러 이런 제스처를 취하면, 상대는 무의식적으로 나의 자신감을 감지하게 됩니다. 엄지와 검지 사이의 거리로 자신감을 가늠할 수도 있습니다. 둘 사이가 떨어져 있을수록 확신이 강한 것으로 인식됩니다.

머리카락도 중요한 정보를 전달합니다. 상태가 불결하거나 헝클어지는 등 단정하지 못하다면, 건강 상태가 나쁘거나 정신적으로 문제가 있음을 뜻합니다. 사람들이 팔짱을 끼는 것에 대해 내버로는 일반적인 해석과 다른 관점을 제시합니다. 편안하기 때문에 팔짱을 끼는 사람도 있고, 가슴을 가리기 위해 그렇게 하는 사람도 있다는 겁니다. 목 아래의 파인 부분을 만지거나 가리는 행위가 우려나 문제, 근심, 불안, 두려움을 나타낸다는 것도 유념할 필요가 있습니다.

"섬세하게 하든 강하게 하든 상관없이, 신체에서 가장 취약한 지점을 가리는 행위는 뭔가 문제가 있음을 나타낸다. 위협을 느낄 때 목을 가리는 행동은 일반적으로 목을 공격하는 거대한 고양잇과 동물들의 포식 활동을 수없이 경험하며 진화했을 것이다."

사람들은 늘 몸짓을 통해 신호를 보냅니다. 그 신호를 제대로 읽어내지 못함으로써 낭패를 당하는 일은 없어야 합니다. 누군가와 서서 이야기하는데 상대방이 한쪽 발을 돌려 문 쪽으로 향하게 한다면 '그만 가봐야겠다'라는 표시라고 합니다. 이를 '의도 단서'라고 부르는데, 상대방이 알아차리지 못하면 짜증이 납니다. 대화에 열중하더라도 상대방의 몸짓을 놓치지 말아야 한다는 얘기입니다.

조 내버로, 김수민 옮김, 《FBI 관찰의 기술》(리더스북, 2019)

긍정 바이러스의 힘

출근길 커피숍에 들러 아메리카노를 사 마시면서, '이게 온전히 내 의지에 의한 것일까?' 하는 생각이 든 적 혹시 있지 않은가요? 어쩌면 길에서 마주친 사람의 손에 커피 컵이 들려 있는 걸 보고 커피숍으로 갔을지도 모릅니다.

우리는 주위 사람들로부터 어떻게 영향을 받으며 살아가고 있을까요? 스스로 모를 뿐이지, 자신의 목표 자체가 친구나 주위 사람의 목표일 수도 있습니다. 주위에서 전해져 온 신호는 우리를 커피 한 잔이 아니라 보다 본질적인 결정으로 이끌기도 합니다. 이를테면 '결혼해서 가정을 꾸려야겠다' 같은 훨씬 더 중요한 결정 말입니다.

미국 과학전문 작가인 리 대니얼 크라비츠(Lee Danial Kravetz)는

'사회전염'은 우리가 피하려 한다고 해서 피할 수 있는 게 아니라고 말합니다. 신문, TV 등 전통 매체에 더해 유튜브, 페이스북, 트위터 등 새로운 매체들에 둘러싸여 있는 현대인은 언제 어떤 촉매제에 의해 어떤 영향을 받을지 예상하는 것조차 불가능하다는 겁니다. 게다가 이 전염은 교묘하기까지 해서 우리는 우리의 생각과 행동과 감정이 마치 처음부터 우리 자신에 의한 것이라고 착각한 채 살아갑니다.

사람들의 마음을 움직이고 행동에까지 결정적 영향을 끼치는 사회전염은 긍정적인 것도 있고, 부정적인 것도 있습니다. 누군가의 극단적인 선택이 많은 사람으로 하여금 같은 행동을 하게 하는 것은 부정적 전염의 단적인 예입니다. 중세 유럽에서 자행된 '마녀사냥'도 사람들이 순식간에 집단 광기에 전염된 결과였습니다. 두려움은 무지에서 나옵니다. 나 자신을 제대로 알고, 내 주위에서 벌어지고 있는 일들의 실체를 똑바로 파악하고 있다면 세상이 법석을 떤다고 해도 흔들릴 이유가 없습니다.

반면, 긍정적인 사회전염의 효과도 주목할 만합니다. 멕시코 방송작가 미겔 사비도(Miguel Sabido)는 TV 드라마를 통해 정부가 하지 못한 일을 해냈습니다. 50퍼센트가 넘는 근로자들의 문맹을 퇴치하기 위해 멕시코 정부가 갖은 정책을 동원했지만 실패한 1975년, 사비도가 극본을 쓴 드라마 〈Ven Conmigo(함께 가요)〉가 방송을 시작했습니다. 교실을 배경으로 한 이 드라마가 인기를 끌면서 100

만 명이 넘는 문맹자가 성인 글쓰기 수업에 등록했습니다. 전년도의 아홉 배에 달하는 수였습니다.

미국 서던캘리포니아대학교 연구에 따르면, 긍정적인 정서는 부정적인 정서보다 전염성이 더 강하다고 합니다. 사람들은 부정적인 트윗보다 긍정적인 트윗에 두 배 정도 더 영향을 받습니다. 행복의 사회전염은 우울증의 전파를 막아줄 뿐 아니라, 회복에도 도움을 줍니다. 이런 효과를 극적으로 보여주는 곳이 병원입니다. 병원 직원들의 우애점수가 높을수록 그 병동의 우애 전염도도 높아지며, 환자들의 불필요한 응급실 이동도 훨씬 줄어든다고 합니다.

리 대니얼 크라비츠, 조영학 옮김, 《감정은 어떻게 전염되는가》(동아시아, 2019)

허약하니까 인간이다

세계적인 팝 아티스트 앤디 워홀은 어떤 것도 쉽게 버리지 못했습니다. 해묵은 엽서와 진료비 청구서, 수프 깡통, 먹고 남은 피자 등을 수백 개의 상자에 채워 넣어 집에 보관했습니다. "내가 원치 않는 물건일지라도 버리는 건 내 양심이 용납하지 않는다"고 그럴듯하게 말했지만, 저장강박증 환자에 가까웠습니다. 수집품을 병적으로 모으기만 했을 뿐, 상자에 담아 내팽개치고는 죽을 때까지 거들떠보지도 않았습니다.

워홀을 비롯해 경계성 인격 장애를 앓은 영화배우 마릴린 먼로, 강박장애에서 헤어나지 못한 영화 제작자 하워드 휴스, 우울장애를 앓았던 에이브러햄 링컨 전 미국 대통령 등 많은 저명 인사가 내적 고통을 겪었습니다. 각 분야에서 세상을 변화시키고 역사에 이름을 새겼지만 우울증, 불안증, 강박증, 약물중독, 도박중독, 자기애성 인격장애 등 정신질환과 연관된 행동을 보인 겁니다.

휴스는 문을 열 때마다 손잡이를 화장지로 감싸 쥐었고, 생물학자 찰스 다윈은 대중 앞에서 말하는 것에 불안을 느껴 24시간 동안이나 토하기도 했습니다. 다이애나 영국 왕세자빈은 지속적인 좌절감, 자신의 능력이 모자란다는 열패감, 슬픔과 두려움 등의 감정에 사로잡혀 여러 번 자해를 했습니다. 마릴린 먼로는 외할아버지, 외할머니, 어머니가 정신병원에서 세상을 떠났고 외삼촌 한 명은 자살하는 등 유전성이 강한 정신질환으로 고생했습니다. 먼로는 편지에서 이렇게 절규했습니다. "나는 내가 왜 이렇게 괴로워하는지 알고 싶어."

내면의 심각한 통증에 시달린 이들의 이야기는 '정상과 비정상을 가르는 경계선은 어디인가'라는 의문을 갖게 합니다.

'격렬한 감정 표출이 질병으로 규정되는 것은 어떤 경우인가? 슬픔이나 우울에 잘 잠기는 이에게 항우울제를 처방해야 할 때는 언제인가? 수줍음을 어떤 경우엔 개인적 특성으로 봐 넘기고 어떤 상황일 때 사회불안장애로 간주하는가?'

미국 저널리스트 클로디아 캘브(Claudia Kalb)는 정신장애로 불리는 그들의 정신 상태가 뛰어난 업적과 위대한 결과들을 일구는 데 영향을 미쳤을지도 모른다고 말합니다.

"주의력결핍과잉행동장애(ADHD)에 시달린 조지 거슈윈이 치료

제인 리탈린을 복용했다면 '랩소디 인 블루'라는 명곡이 나왔을까."

ADHD는 부주의와 과잉 활동성, 충동성이라는 세 가지 특징을 갖습니다. 손발을 계속 움직이며 몸을 꿈틀거리거나, 정신을 집중하지 못하고 다른 사람이 말할 때 귀담아듣지 않는 등의 세부 증상을 나타냅니다. ADHD를 앓았던 정신의학자 에드워드 할로웰(Edward Hallowell)은 이 질병의 강력한 에너지를 긍정적인 관점으로도 바라봐 주고, 그런 바탕 위에서 해결 방법을 찾아나갈 필요가 있다고 말합니다.

"나는 ADHD 증상을 가진 아이들에게 이렇게 말한다. '너는 정말 재수가 좋은 거야. 네 머릿속에는 페라리가 들어 있거든. 문제는 브레이크가 자전거용 브레이크라는 거지.' 어려운 과제는 그 모든 힘과 에너지를 통제하는 방법을 가려내는 것이다."

클로디아 캘브, 김석희 옮김, 《앤디 워홀은 저장강박증이었다》(모멘토, 2019)

07

철학이 없는 전문가는 위험하다

'지구는 허공에 떠 있다.'

너무도 당연한 사실입니다. 그런데 기원전 6세기 그리스 철학자 아낙시만드로스(Anaximandros)가 이런 주장을 내놓았을 때는 그렇지 않았습니다. 당시에는 '물이 대지를 받치고 있다'가 정론이었습니다. 아낙시만드로스는 '상식'을 그대로 받아들이지 않았습니다. '대지를 물이 지지하고 있다면, 그 물은 무엇이 떠받치고 있단 말인가'라는 의문을 품었습니다. 의문이 풀릴 때까지 끈질기게 고찰한 끝에 얻은 결론이 '지구는 허공에 떠 있다'라는 것이었습니다.

아낙시만드로스의 이야기는 세상을 제대로 살아가기 위해 왜 철학이 필요한지를 일깨워줍니다. 철학은 무엇보다 상황을 정확하게 통찰하는 일이고, 비판적인 사고를 하는 일이며, 어젠다를 설정하는 일입니다. 그리고 과거의 비극을 반복하지 않도록 도움을 줍니다.

오늘날 많은 기업이 경영 화두로 '혁신'을 꼽습니다. 조직 내에 혁신 DNA를 심기 위해 직원들에게 상식을 의심하라고 가르치는 기업이 많습니다. 세계 1위 경영·인사 컨설팅 회사의 시니어 파트너인 야마구치 슈는 우리에게 필요한 것은 상식을 의심하는 태도가 아니라고 말합니다. 그냥 넘어가도 좋은 상식과 의심해야 하는 상식을 판별할 줄 아는 안목이 필요하며, 이 안목을 길러주는 게 철학이라고 주장합니다. 그는 철학적 안목을 갖추면 일하는 방법도 달라진다고 말합니다.

"대부분 사람은 새로운 것을 시도하려고 할 때 앞으로의 일을 '시작'하는 데만 초점을 맞춘다. 하지만 새로운 것을 시작할 때 가장 먼저 해야 할 일은 지금까지의 방식을 잊는 것이다. '이전 방식에 마침표를 찍는 일'부터 해야 한다."

철학적 사고의 가장 큰 힘은 '생각을 끝까지 하게 한다'는 것입니다. 아낙시만드로스가 그랬고, '자유론'을 주장한 존 스튜어트 밀이 그랬습니다. 전지전능할 수 없는 인간이 옳은 길을 찾아가려면 타인의 비판을 경청하고 수용해야 합니다. 다른 사람의 의견을 겸허하게 수용하는 자세는 모든 결정에서 위험을 줄이는 길입니다.

야마구치 슈, 김윤경 옮김, 《철학은 어떻게 삶의 무기가 되는가》(다산초당, 2019)

08

윔블던에 새겨진 시 구절

"승리와 좌절을 만나고도 / 이 두 가지를 똑같이 대할 수 있다면(If you can meet with triumph and disaster / And treat those two impostors just the same)."

영국 시인 러디어드 키플링(Rudyard Kipling)이 쓴 시 〈만약에(If)〉의 한 구절입니다. 영국인 애송시 1위로 꼽히는 이 시는 영국 런던의 윔블던 테니스코트에도 새겨져 있습니다. 키플링은 소설《정글북》의 작가로, 마흔두 살이던 1907년 최연소 노벨 문학상 수상자가 됐습니다. 그가 이 시를 쓴 건 1910년의 일로, 열두 살 된 아들에게 주기 위해서였다고 합니다. 험한 세상의 길잡이가 될 조언을 32행에 담아냈습니다.

모든 사람이 이성을 잃고 너를 비난해도

냉정을 유지할 수 있다면

모두가 너를 의심할 때 자신을 믿고

그들의 의심마저 감싸 안을 수 있다면

(…)

네가 말한 진실이 악인들 입에 왜곡되어

어리석은 자들을 옭아매는 덫이 되는 것을 참을 수 있다면

네 일생을 바쳐 이룩한 것이 무너져 내리는 걸 보고

낡은 연장을 들어 다시 세울 용기가 있다면

(…)

이렇듯 지혜와 포용, 사랑과 겸손의 미덕을 하나씩 일깨우고는 '무엇보다 아들아, 너는 비로소 한 사람의 어른이 되는 것이다!'로 마지막을 장식합니다.

이 시에서 힘을 얻었다는 사람이 많습니다. 영국의 지배에 맞서 식민지 인도인들의 불복종 운동을 이끈 간디도 이 시를 애송했습니다. 숱한 역경을 이겨내고 오디션 스타가 된 오페라 가수 폴 포츠(Paul Potts)도 이 시에서 힘을 얻었다고 했습니다. 전설적인 액션 스타 이소룡은 금속 장식판에 이 시를 새겨놓고 날마다 뜻을 음미했다고 합니다. 몇 년 전에는 미국의 투자 귀재 워런 버핏이 주주들에게 보낸 연례서한에서 이 시를 인용해 화제를 모으기도 했습니다.

윔블던의 시 구절을 현실에서 생생하게 보여준 사람도 있습니다. 테니스 선수 세리나 윌리엄스(Serena Williams)입니다. 2018년 윔블던 테니스대회에서 남자부는 세르비아의 노바크 조코비치(Novak Djokovic), 여자부는 독일의 안젤리크 케르버(Angelique Kerber)가 각각 우승을 차지했습니다. 하지만 가장 큰 박수를 받은 선수는 여자부 결승전에서 패배한 미국의 세리나 윌리엄스였습니다. 한때 세계 여자테니스를 휩쓸었던 그녀였지만, 그 대회에는 세계 랭킹 181위라는 초라한 위상 속에서 출전했습니다. 2017년 9월 늦은 나이에 딸을 출산한 뒤 혈전(혈관 속에서 피가 굳어진 덩어리)으로 고생하는 등 후유증이 컸던 탓입니다.

세리나 윌리엄스는 많은 사람이 '한물갔다'고 평가했지만 모두의 예상을 깨고 결승 무대에까지 진출했고, 온 힘을 다한 대결 끝에 준우승을 거머쥐었습니다. 경기가 끝난 뒤 감격에 북받쳐 토해낸 윌리엄스의 소감은 가슴을 뭉클하고도 벅차게 합니다.

"세상의 모든 엄마를 위해 뛰었습니다. 나중에 딸에게 '너를 낳고 엄마가 윔블던에서 준우승했어'라고 말하는 것도 아름다운 이야기겠죠. 하지만 그 옛날이야기의 엔딩은 (우승으로) 바뀔 겁니다."

09

김구가 이봉창을
겉모습으로 판단했다면

백범 김구 선생이 상하이 임시정부에서 거류민단장(재무부장 겸직)을 맡고 있던 1931년 1월, 한 청년이 찾아왔습니다. 한국말이 몹시 서툴러서 대화의 절반은 일본어로 해야 했고, 행동거지도 일본인과 비슷했습니다. 청년은 젊은 날 일본으로 건너가 여기저기 떠돌다가 독립운동에 뜻을 두게 됐는데, 상하이에 '가정부(假政府)'가 있다는 말을 듣고 왔다고 했습니다. '가정부'는 임시정부를 깎아내려 부르던 말이었습니다.

두 사람의 대화를 듣고 있던 임시정부 간부들은 이 젊은이를 미심쩍어했습니다. 하지만 백범은 달랐습니다. 청년과 우국담론을 나누며 의기투합했습니다. 그 청년은 일왕 히로히토에게 폭탄을 던지고 순국한 '철혈남아' 이봉창 의사입니다.

백범은 결코 겉모습으로 사람을 판단하거나 평가하지 않았습니다. 나이, 지역, 출신 성분도 따지지 않았습니다. 그랬기에 이봉창 의사를 비롯한 수많은 사람이 백범에게 찾아 들었습니다. 백범은 독립을 준비하며 그들을 먹여 살리는 일까지 해야 했습니다.

하지만 '달팽이 등껍질처럼 달라붙은' 사람들을 건사하면서도 한 번도 불편해하지 않았습니다. 바다처럼 넓은 품은 사람들을 감동시켰고, 그것이 백범의 목숨을 지켜준 '묘약'이 됐습니다. 일제는 백범에게 60만 원이라는 천문학적 현상금을 걸었습니다. 당시 임시정부는 월세도 못 낼 만큼 가난에 쪼들렸는데, 임시정부 청사 임대료 1,600년 치를 내고도 남을 돈이었습니다. 하지만 '움직이는 복권' 신세가 된 백범을 고발한 한인은 한 명도 없었습니다.

우리나라 역사에서 백범만큼 삶과 죽음의 경계를 수없이 넘나들며 치열하게 살다 간 사람도 드물 것입니다. 파란만장했던 백범의 일생 중에서도, 명성황후 시해에 대한 복수를 하기 위해 일본군 장교를 살해한 죄로 사형 집행 직전까지 갔다가 살아난 과정은 매우 극적입니다. 당시 법정은 일본과의 관계를 의식해 백범에게 사형을 선고했지만, 죄명을 '국모보수(國母報讐: 국모의 원수를 갚음)'라고 적어 넣었습니다.

사형 집행을 앞두고 승지가 죄명을 보고는 이상하게 여겨서 임금께 보여드렸고, 회의 끝에 사형 집행 정지를 결정했습니다. 하지만 조정의 그런 결정이 백범이 수감된 인천감옥에 전달되려면 시간이 촉박했습니다. 다행스럽게도 사형 집행을 사흘 앞두고 서울~인천 간에 개설된 전화를 통해 임금의 지시가 극적으로 전달될 수 있었습니다. 만약 승지가 사형수 명부를 보지 않았더라면, 전화 개통이 조금만 늦어졌더라면 백범 김구는 스물한 살의 나이에 형장의 이슬로 사라졌을 것입니다.

열린 마음과 애국 열정, 순수한 정의감으로 엄혹한 시절을 헤쳐 나갔던 백범에게 일본이 미국 연합군에 무조건 항복했다는 소식은 복음이 아니라 비보였습니다. 완전한 자주독립이 아니었기에 외세의 영향력을 벗어날 수 없게 됐음을 직감한 것입니다. 백범은 '하늘이 무너지고 땅이 꺼지는 일이었다'고 일지에 썼습니다. 그 회한을 풀어드리는 일은 오롯이 후손인 우리의 몫입니다.

김형오, 《백범 묻다, 김구 답하다》(아르테, 2018)

10

때로는 복수가 필요하다

누군가에게 통쾌하게 복수하는 일을 상상해본 적이 없으십니까? 나를 잡아먹지 못해 으르렁대는 직장 상사나 얌체 같은 동료, 갑자기 차선을 바꿔 끼어든 앞차 운전자, 지하철에서 나를 밀치고 먼저 올라탄 그 사람…. 그러고는 죄책감에 빠지지 않으셨습니까? '내가 이 정도도 참지 못하고 용서할 줄 모르는 속 좁은 인간이란 말인가' 하고 말이죠.

세상은 우리에게 사회제도적으로, 도덕적으로 '복수는 옳지 않다'고 끊임없이 교육합니다. 스티븐 파인먼(Stephen Fineman) 영국 배스대학교 경영학과 명예교수는 그런 통념에 이의를 제기한 조직행동학 전문가입니다. 그는 복수가 인간에게 가장 원초적이고 일차적인 욕구라고 말합니다.

"복수는 인간의 생물사회적 기질이다. 슬픔이나 비탄, 굴욕감, 분노 등으로 촉발되는 원초적 본능이다."

개인의 안녕과 명예, 자존감이나 집단의 질서, 역할 등을 위협받았을 때 복수심이 촉발되는데 그것이 어그러진 정의를 바로잡는 기능을 한다는 것입니다. 따라서 적당한 '복수 판타지'는 필요하고, 순기능도 있답니다. 불의하게 행동하며, 나를 모욕하고, 무례를 행한 자에 대한 '복수 상상'은 그 자체만으로도 자기 정화 및 위안 효과가 있다고 합니다. 복수심을 단 한 번도 품지 않고 살기에는 세상에 불합리한 일들이 너무 많고, 그것이 인간의 실존 현실이라고도 꼬집었죠.

몇 년 전부터 우리나라에서 이어지고 있는 권력형 성폭력 피해자들의 '미투' 폭로 행렬은 우리에게 무거운 화두를 던져줬습니다. 직장과 사회에서 억압받고 있는 이들에게 그동안의 우리 문화가 무조건적인 용서와 인내를 묵시적으로 강요하고, 그로 인해 2차 피해를 촉발했던 것은 아닌가 하는 점입니다.

가해자의 진심 어린 반성이 없는 상태에서 행하는 '무조건적 용서'는 문제를 복잡하게 만들 뿐이며, 개인에게도 사회에도 부정적으로 작용합니다. 정신분석가 앨리스 밀러(Alice Miller)는 억지로 용서하는 건 노력 낭비라며 그 노력이 오히려 피해자를 진실과 격리시킨다고 말했습니다.

그렇다고 '눈에는 눈' 같은 동해보복(同害報復)의 시대로 돌아갈

수는 없습니다. 파인먼은 이렇게 말합니다.

"원통한 마음을 친사회적 활동으로 풀면서 용서와 복수를 모두 비껴간 사람들이 적지 않다. 본인이 당한 학대를 유발하는 사회적 인자를 없애고 사회 여건을 바꾸는 일에 참여하는 '도의상 용서하지 않는 사람(moral unforgiver)'들이다."

미국 철도업과 해운업을 일으킨 코넬리우스 밴더빌트, 크라이슬러를 회생시켰던 리 아이아코카, 애플의 스티브 잡스가 그런 부류로 꼽힙니다. 그들이 기업과 부를 일군 과정은 '복수'를 빼고는 말할 수 없다는 것입니다. 자신의 아이디어를 퇴짜 놓고 조롱했던 이들에게 치열하게 보복하고, 그들의 잘못을 입증하고 말겠다는 의지에 불탔습니다. 그 결과는 우리가 아는 대로입니다. 그들의 복수 대상이 누구였는지는 아무도 기억하지 못하지만, 그들 자신은 후대에까지 두고두고 존경받는 인물이 됐습니다.

스티븐 파인먼, 이재경 옮김, 《복수의 심리학》(반니, 2018)

11

이길 수 없다면 함께 가라

세계 체스 챔피언이었던 러시아의 가리 카스파로프(Garry Kasparov)
는 인공지능(AI) 쇼크를 가장 먼저 겪은 사람입니다. 1997년 IBM
이 개발한 슈퍼컴퓨터 딥블루와의 대결에서 완패한 장본인이니까
요. 그의 패배는 고도화된 두뇌 게임에서 인간 챔피언을 무너뜨린
기계의 등장이자 AI 시대의 개막을 알리는 사건이었습니다. 이후
카스파로프는 "기계가 인간의 삶을 위협한다는 것이 어떤 의미인
지 나보다 더 잘 아는 사람은 없을 것"이라고 말하기도 했습니다.

카스파로프는 기계와의 대결은 생소함, 불안감, 좌절감을 가져
왔다고 회고했습니다. 게임을 치르는 여섯 시간 동안 지치지 않고,
시계 초침 소리에 조급함을 느끼지 않으며, 집중력이 흐트러지는
일도 없는 상대와 겨루는 것은 당혹스러운 경험이었다는 겁니다. 인

간은 주위 환경이나 상황에 따른 감정 변화가 경기력에 영향을 미치기도 하는데, 바늘로 찔러도 피 한 방울 나오지 않을 것 같은 기계와의 싸움은 그 자체로 어마어마한 공포였겠다는 생각이 듭니다.

옥스퍼드대학교 인류미래연구소에서 '인간과 기계의 미래가 어디로 나아가고 있는가'를 연구하는 그가 강연에서 자주 하는 말은 "이길 수 없다면 함께 가라"라는 것입니다. 인공지능 알파고가 프로 바둑기사들과의 대결에서 연거푸 완승을 거두면서 인간과 기계가 경쟁하는 시대는 끝났고, 기계의 발전은 되돌릴 수 없는 상황이 됐기 때문입니다. 두려워하기보다는 적극적으로 기계와 기술의 힘을 빌려 인간 능력의 도약대로 삼아야 한다는 얘기입니다.

인간과 기계가 대결이 아니라 협업을 할 때 어떤 기적이 일어나는지를 실증적으로 보여준 사건이 있습니다. 2005년 '어드밴스트 체스 대회'는 인간과 기계가 짝을 이뤄 참가할 수 있도록 했습니다. 대회 우승자는 딥블루처럼 체스에 특화된 슈퍼컴퓨터를 갖고 나온 프로 체스 기사가 아니었습니다. 컴퓨터 세 대를 동시에 가동한 미국의 아마추어 기사 두 명이었습니다. 인공지능의 전술적 정확성과 인간의 전략적인 창조성 간 조합이 압도적인 우위를 보였던 겁니다. '약한 인간 + 기계 + 뛰어난 프로세스'는 어떤 슈퍼컴퓨터보다 강하다는 걸 입증한 사례입니다.

가리 카스파로프, 박세연 옮김, 《딥 씽킹》(어크로스, 2017)

12

곤충은 위대하다

오늘날 우리가 호주산 쇠고기를 먹을 수 있는 것은 쇠똥구리라는 벌레 덕분입니다. 그 사연이 흥미롭습니다. 호주 정착민들이 소를 들여다 목축을 시작한 1788년, 곧장 토양오염 문제가 닥쳤습니다. 호주 생태계에는 소의 배설물을 분해해줄 존재가 없었던 탓입니다. 소똥이 곳곳에 말라붙어 토양을 파괴했고, 쇠파리까지 엄청나게 늘어나 사람들을 괴롭혔습니다.

　1년에 2,000제곱킬로미터의 초지가 불모지로 변했고, 1960년에 이르러서는 대부분의 땅을 놀리게 됐습니다. 이 '소똥 사태'를 해결한 구원투수가 쇠똥구리입니다. 호주 곤충학자들이 끈질긴 노력 끝에 번식시킨 쇠똥구리 170만 마리를 문제의 지역들에 풀어놓자 기적이 일어났습니다. 초지를 덮었던 소똥들이 사라지고, 파리 떼도 덩달아 자취를 감췄습니다. 토양은 생기를 되찾았습니다.

쇠똥구리만이 아닙니다. 맨해튼의 개미가 1년에 처리하는 정크 푸드 쓰레기는 핫도그 6만 개 분량에 달한다고 합니다. 또 꿀벌부채명나방은 자연상태에서 분해되는 데 500년이 걸리는 플라스틱을 빠르게 먹어 치웁니다. 곤충들의 독특한 생활사와 놀라운 쓰임새를 새삼 다시 보게 됩니다.

중국에서는 곤충의 이런 쓰임새를 활용하기 위해 특별한 공장까지 지었습니다. 바퀴벌레를 대규모로 사육하는 공장입니다. 이곳에서 10억여 마리의 바퀴벌레가 맵든 짜든 먹을 것이라면 종류를 가리지 않는 왕성한 식욕을 발휘해 매일 55톤의 음식물 쓰레기를 처리합니다. 우리나라 중소도시에서 발생하는 일일 음식물 쓰레기와 맞먹는 양입니다.

인간은 덩치가 더 크고 힘이 더 세다는 이유만으로 곤충의 생사를 쉽게 결정합니다. 하지만 '연공서열'로 생태 피라미드를 재구성한다면 곤충 앞에서 감히 고개를 들 수 없습니다. 인간이 지구상에 등장한 것은 고작 20만 년 전 일이지만 곤충은 4억 7,900만 년이나 살아왔으니까요. 곤충들은 공룡도 피해 가지 못한 대멸종을 다섯 번이나 겪고도 살아남았을 정도로 질긴 생명력을 발휘해왔습니다.

곤충들이 이런 생존 능력을 갖추기까지 얼마나 필사적인 노력을 기울였는지를 알게 되면 고개가 절로 숙여집니다. 곤충들은 고도 6,000미터가 넘는 고산지대와 섭씨 50도가 넘는 온천에서도 살아

남기 위해 다양한 크기와 형태, 색을 갖도록 진화했습니다. 그 결과 눈은 엉덩이에, 귀는 다리에, 혀는 발에 달린 희한한 곤충까지 등장했습니다.

이렇게 5억 년 가까운 세월을 견디고 살아남은 곤충들은 인간들에게 다양한 방식으로 도움을 줍니다. 초콜릿과 꿀, 비단과 잉크, 항생제와 방부제, 광택제와 접착제 등은 모두 곤충에서 비롯됐습니다. 곤충에서 시작한 생체 모방은 드론 비행, 열 추적 감지, 위조지폐 방지, 우주여행 등의 첨단 산업으로도 이어졌습니다.

'아프리카깔따구'라는 곤충은 건조 상태에서 최대 17년을 견디다가 약간의 물만 있으면 다시 정상적인 생명 활동을 이어갑니다. 이 메커니즘이 밝혀지면 우주 성간 여행 중 장시간 동면이 가능해질 수도 있답니다. 곤충들이 문제를 해결해온 영리한 방법들은 인간에게도 도움이 될 뿐 아니라, 새로운 영감을 줍니다. 곤충은 이 세계가 돌아가게 해주는 자연의 작은 톱니바퀴입니다.

안네 스베르드루프-튀게손, 조은영 옮김, 《세상에 나쁜 곤충은 없다》(웅진지식하우스, 2019)

13

아마추어 인간들의 세 가지 문제점

"제가 원래 참견을 잘 안 하는 편인데, 잘 치고 싶은 마음과 그렇지 못한 현실 사이에서 방황하는 모습이 안타까웠습니다. 아마추어의 고민이 뭔지를 조금씩 이해하게 됐습니다."

2000년대 초반 세계 여자 프로골프계를 주름잡았던 'LPGA 퀸' 박지은 프로가 골프 마니아인 남편 이야기를 하면서 털어놓은 관찰담입니다. 박 프로는 골프가 안 되는 사람들에게는 그럴 수밖에 없는 이유가 다 있다며 아마추어 골퍼의 문제점을 세 가지로 정리했습니다.

첫 번째는 '너무 많은 골프 지식'이랍니다. 인터넷 동영상, TV 방송, 책, 골프 동반자 등 엄청난 정보 채널을 통해 쌓은 지식이 너무 많아서 서로 충돌하는 이론을 적용하는 등의 부작용이 심각하다는 겁니다. 사람마다 체형이 다르고 동작 메커니즘이 다 다른데, 하나의 테크닉을 만병통치약처럼 받아들여서 심각한 '소화불량'이 발생한다는 얘기입니다.

"몸으로 쳐야 할 골프를 머리로, 말로 치려고 하는 거죠."

두 번째는 '기본의 가치를 무시하고 생략하는 오만'이랍니다. 골프 스윙에 정답은 없지만, 만유인력처럼 절대적으로 통하는 근본이 골프에도 있다고 합니다.

"눈이 번쩍 뜨이는 골프 비책을 너무 좋아들 합니다. 여유가 없는 주말 골퍼들이기 때문에 그럴 수 있다고 이해하긴 하지만, 부작용 같은 반대급부가 꼭 있다고 생각해야 해요. 안정적으로 오래 효과를 주는 최상의 골프가 완성될 때는 가장 기초에 충실할 때라고 생각합니다."

근본이 바로 서야 길이 열린다는 '본립도생(本立道生)'을 일깨워주는 말입니다.

아마추어의 마지막 문제점은 '투자하지 않고 수익을 노리는 요행수 바라기'라고 합니다. 이론을 접하면 오랜 연습으로 몸에 익히는 과정이 필요한데도, 곧바로 필드로 달려가는 성급한 골퍼가 의외로 많다는 겁니다. 미국에서 중·고등학교를 졸업하고 애리조나 주립대학교에서 공부한 박 프로는 이를 영어 학습 단계에 비유합니다.

"영어의 기초는 풍부한 단어인데, 실전이 더 중요하다는 데에만 초점을 맞추고 무작정 시행착오를 자초하려고 합니다. 반복하고 또 반복해야 겨우 도달할 수 있는 단계를 한꺼번에 뛰어오르려 하니까 실력 향상이 더디고 오히려 실력이 퇴보하는 경우도 많아요."

박 프로의 이야기에서 '골프'를 '세상만사'로 바꿔서 읽어도 얼을 게 많을 듯합니다.

14

'대통령'의 잘못된 탄생

우리가 '대통령 중심제(책임제)'라고 부르는 정치체제를 만든 나라는 미국입니다. 독립 국가를 건설하면서 새로운 정치제도를 창안하고는, 국민이 뽑은 국가 대표자를 어떤 이름으로 부를지 고민했습니다. 군주가 지배하던 구대륙 유럽의 봉건주의적 세계관에서 벗어난 용어로, 최종 결정된 것이 'president'입니다. 어원인 'preside'가 '회의를 주재하다'라는 뜻이니 말 그대로 '회의주재자'라는 의미를 담고 있습니다.

그런데 이 명칭을 메이지유신 시절 일본이 '대통령(大統領)'으로 번역했고, 우리나라에서도 그대로 받아들여 쓰고 있습니다. '회의를 주재하는 사람'이 '크게(大) 거느리고(統) 다스리는(領) 사람'으로 바뀐 겁니다. 그때나 지금이나 왕이 존재하는 일본이 자기 나라 관점에서 옮긴 봉건주의적 용어를 우리는 그냥 베껴 쓰고 있는 것입니다.

이 사례는 우리 사회가 무심코 사용하는 언어의 문제를 성찰하게 해줍니다. 신지영 고려대 국문과 교수는 '대통령'은 일제강점기를 지나면서 우리에게 남겨진 순화 대상 용어라며 '대한민국 대표'라고 하는 게 어떻겠느냐고 제안합니다. '온갖 기업에 대표가 넘쳐나는데 어찌 대통령을 그런 식으로 표현한단 말인가' 하는 생각이 든다면, 소규모 회사에 이르기까지 'president'가 넘쳐나는 미국을 생각해볼 필요가 있습니다.

신 교수는 이 밖에도 바로잡아야 할 언어 표현의 문제를 《언어의 줄다리기》에서 다양하게 파고듭니다. '미망인(未亡人)'은 '(남편을 따라서 죽었어야 하는데) 아직 죽지 않은 죄인'이라는 뜻이고, '과부(寡婦)'는 '남편이 죽어서 이제 부족한 사람이 됐다'는 의미가 담긴 표현입니다.

'이혼한 사람은 미혼/기혼 두 가지로 나뉘어 있는 결혼 여부를 묻는 이력서 항목에 뭐라고 답해야 하는가'라는 질문도 통념의 벽을 두들깁니다. 더 나아가 '마땅히 결혼해야 하는데 아직 하지 않았다'라는 뜻을 담은 '미혼(未婚)'이라는 표현이 괜찮은 건지도 묻습니다.

우리의 언어 속에는 위험하고 폭력적인 표현들이 가득하며, 차별과 비민주적 의미를 담은 언어들이 은연중 우리의 생각과 관점을 지배한다고 신 교수는 경고합니다. 낡고 차별적 뜻을 담은 표현의 문제를 인지하지 못한 채 일상 언어로 쓰고 있는 우리 모습을 돌아보게 합니다.

신지영, 《언어의 줄다리기》(21세기북스, 2018)

CHAPTER
5

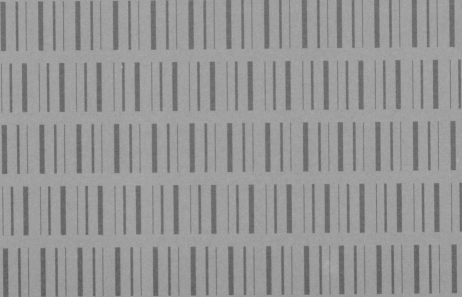

스스로 성장하는
리더의 자기관리

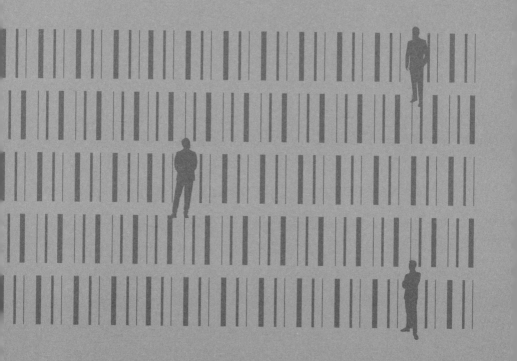

01

'딱 한 번만'이라는 덫

클레이튼 크리스텐슨 하버드대학교 경영대학원 교수는 5년마다 열리는 동창회에서 흥미로운 장면을 목격했습니다. "졸업 후 첫 동창회 때는 대부분이 세련된 차림으로 나타난다. 저마다 멋진 일을 하고 부유한 생활을 하면서, 아름다운 배우자와 결혼했다." 그런데 10년 차 동창회부터 예상 밖의 변화들이 나타났습니다. "이혼하거나 불행한 결혼 생활을 하고 있는 이들도 많고, 자식과 불화를 겪는 이들, 회사에서 업무상 문제를 일으켜 구속된 이들까지 생겨난 것이다."

크리스텐슨은 '세상에서 가장 똑똑한 이들조차 왜 불행을 피하지 못하는 걸까'라는 의문을 갖게 됐고, 이 내용을 경영학 강의에 포함시켰습니다. 아무리 유능한 사람이라도 허무하게 걸려들어 무너지기 쉬운 덫이 있는데, '딱 한 번만'의 유혹이라는 것입니다. 경제적으로 보면 '한계비용'에 속하는데, 한계비용은 그 비용을 지불하는 데 그치지 않고 전체 비용을 지불할 것을 요구받는다는 것이 그의 주장입니다.

'딱 한 번만'의 대가는 사업 전체가 될 수도 있고, 인생 전체가 될 수도 있습니다. 영국 베어링은행의 몰락은 그 유혹에 걸려들어 한계비용이 아닌 전체 비용을 지불한 대표적인 예로 꼽힙니다. 232년 전통의 이 은행은 1995년, 젊은 직원의 사규를 위반한 거액 투기를 방치했다가 한순간에 파산하고 말았습니다. 크리스텐슨은 무언가를 100퍼센트 지키는 것이 98퍼센트 지키는 것보다 더 쉽다고 강조합니다. 한번 예외를 허용하면 계속해서 같은 일이 반복될 가능성이 커진다는 의미입니다.

크리스텐슨은 많은 사람이 가장 가까워야 할 가족과 친구를 소홀히 했다가 큰 후회에 빠지는 사례에도 주목했습니다. 그는 우리가 관계에 계속해서 관심을 기울이지 못하게 하는 두 가지 힘이 존재한다고 말합니다. 하나는 자원을 더 즉각적인 결과를 안겨줄 다른 곳에 투자하고 싶게 하는 유혹입니다. 그리고 나머지 하나는 가족과 친구들은 우리에게 '관심 좀 가져달라'고 큰 소리로 외치는 법이 좀처럼 없다는 것입니다.

"그들은 우리를 사랑하지만, 또한 우리의 사회생활을 도와주고 싶어 한다. 이런 상황이 지속되다 보면 결국 우리는 이 세상에서 가장 관심을 가져야 하는 사람들을 무시하기에 이른다."

2020년 1월 세상을 떠난 크리스텐슨은 하버드대학교에 재직하는 동안 매 학기 마지막 강의에 다음과 같은 세 가지 질문을 칠판에 적었습니다.

- 내가 앞으로 사회생활을 하면서 성공하고 행복할까?
- 배우자, 자식, 친척, 친구들과의 관계가 계속해서 행복의 원천이 될까?
- 나는 성실한 삶을 살고, 감옥에 갈 일이 없을까?

엉뚱해 보이는 질문을 적는 이유를 그는 이렇게 설명했습니다.

"이 질문들은 단순하게 보일지 모르지만 내 많은 동료가 물어보지 않았거나, 물어봤더라도 그로부터 배운 것을 잊어버린 질문들이다."

클레이튼 크리스텐슨 외, 이진원 옮김, 《하버드 인생학 특강》(알에이치코리아, 2020)

어설픈 말로 위로하지 말라

"살다 보면 그럴 수 있어."

"시간이 지나면 나아질 거야."

슬프거나 어려운 일을 당했을 때 누군가가 건넨 말에 더 불편해진 경험, 누구에게나 있을 것입니다. 별문제 없는 말 같은데 왜 듣는 사람은 불편해지는 걸까요. 위로한답시고 건넨 말에 '그러니 그렇게 힘들어하지 마'라는 메시지가 담겨 있기 때문일 것입니다.

슬퍼하는 사람은 병든 게 아닙니다. 오히려 고통을 느낀다는 건 매우 건강한 반응입니다. 슬픔이란 감정을 극복의 대상이 아니라 껴안는 대상으로 삼아야 하지만, 우리는 슬픔을 다루는 법을 전혀 모르고 있습니다.

미국 심리치료사인 메건 더바인(Megan Devine)은 제거하려는 시도를 통해 고통을 치유할 수는 없다고 말합니다. 고통을 덮어 가리거나 서둘러 벗어날 수는 없으며, 자신의 상처에 귀를 기울일 때 슬픔에서 회복할 수 있다는 뜻입니다. 이런 사람에게 어설프게 건네는 위로의 말은 그를 더 힘들게 할 뿐입니다.

슬픔에 빠진 사람을 진정으로 돕고 싶다면 '슬픔의 정체'를 함께 정면으로 응시해야 합니다. 무슨 말을 할지 또는 그 말을 어떻게 표현해야 할지를 몰랐다면, 그것에 대해 지적받는 불편함과 바로잡는 수고로움을 기꺼이 감수해야 합니다. 그렇게 할 수 없다면 누군가를 도와주는 일에 관심이 있는 게 아니라, 도와주는 것처럼 보이는 데 더 관심이 있는 것이라고 더바인은 말합니다. 슬픔을 겪을 때 인간관계로 인해 또 다른 고통을 겪는다면, 그런 관계는 과감히 끊어야 한다는 조언도 덧붙입니다.

한마디로, 사랑을 보여주며 그냥 옆에 있어 주는 것이야말로 최고의 도움이라는 의미입니다. 누군가를 진정으로 돕고 싶다면 위로할 때 돌아오는 반응을 열린 마음으로 받아들여야 합니다. 따라서 슬픔의 위로는 결국 사랑하는 법을 알려주는 길이라고 할 수 있습니다.

한편, 힘든 일을 만난 당사자는 자기 내면을 돌아보고, 자신에게 친절해져야 합니다. 하지만 자신에게 친절하기란 매우 어려운 일이죠. 우리는 자기 결점을 찾는 데는 탁월한 재주가 있어서 자신을 남보다 훨씬 더 모질고 가혹하게 대합니다. 자기 자신보다 다른 사람에게 친절하기가 훨씬 쉽죠.

사회적 통념에 갇혀 슬픔을 직시하지 못하고, 마치 이겨내야 하는 질병처럼 대하다가 더 큰 슬픔에 빠져버리는 일은 없어야 합니다. 더바인은 슬픔으로 인해 황폐해진 삶을 받아들이고, 슬픔과 상실이 가져온 변화를 통해 삶의 길을 개척해나가면서 인내해야 한다고 말합니다.

"인생을 살아가면서 유념해야 할 진실은 당신의 삶이 인간관계에 휘둘려서는 안 된다는 것이다. 자신의 아름다움을 자신만의 방식으로 만들어나가라."

메건 더바인, 김난령 옮김, 《슬픔의 위로》(반니, 2020)

03

왜 논쟁하지 않고 싸우는가

"나는 그렇게 생각하지 않습니다."

사람들의 대화에서 수시로 튀어나오는 말입니다. TV 토론 프로그램은 온갖 반박과 언쟁으로 넘쳐납니다. 미국 듀크대학교 철학과 교수 월터 시닷 암스트롱(Walter Sinnott-Armstrong)은 심지어 "우리 사회에 논쟁이 사라졌다"고 말합니다. 근거 없는 반박과 일방적인 자기주장은 올바른 논쟁이 아닌 단순한 싸움에 불과하다는 것입니다.

각기 다른 생각과 목적을 가진 사람들이 '언쟁'을 넘어 진정한 '논쟁'을 할 방법은 없을까요? 많은 사람이 논쟁을 상대와 싸워 이기는 경쟁이라고 생각하지만, 논쟁은 이기기 위한 것이 아니라 타협하고 협력하기 위해 하는 것입니다.

암스트롱은 합리적이고 정당한 논쟁의 결과로 이뤄진 타협은 어느 한쪽의 패배가 아닌 공동의 승리이며, 이를 수긍할 때에만 진정한 이해와 발전적 논의가 이뤄질 수 있다고 강조합니다. 논쟁 후에도 양극단의 사람들이 여전히 자신의 입장을 고수한다고 하더라도, 최소한 새로운 가능성을 얻을 수 있습니다. 그리고 이 과정이 반복돼야 세상이 한 단계씩 발전할 수 있습니다.

유감스럽게도 현실은 그 반대 방향으로 움직이고 있습니다. 더욱이 최근에는 사회 전반에서 합당하고 논리적인 논쟁이 사라지고, 무례한 공격과 근거 없는 비방만이 난무합니다. 그 결과 사람들 사이의 양극화가 심화됐습니다. 나와 다른 의견을 가진 상대에게 자신의 논거를 제시하고 상대의 논거를 찾아보려는 시도 자체를 하지 않는다는 것이 무엇보다 심각한 문제입니다. 사람들은 갈수록 상대를 이해하고 타협하는 능력을 잃고 있습니다.

그로 인해 우리 사회 곳곳에 회복하기 어려운 상처를 안기고 있습니다. 정치인들은 국민을 위해 협력하는 대신 서로의 약점을 공격하고 편을 가르는 데 골몰합니다. 상당수 언론은 공정하고 객관적인 뉴스를 전하기보다 비슷한 성향의 이익공동체를 대변하는 데만 열중합니다. 소셜미디어는 자유로운 의견 교환의 장이 아니라 극단주의자들이 지배하는 살벌한 전쟁터가 됐습니다. 이렇게 경직된 환경은 사회 구성원 모두를 불행하게 합니다.

암스트롱은 상대를 제대로 설득하기 위해 가장 먼저 필요한 것이 '타당성'이라고 말합니다. 모호한 설명으로 주장을 합리화하려고 해서는 안 된다는 의미입니다. 지극히 주관적인 자신의 경험이나 일부 사례를 들어 전체의 속성으로 단정하거나 판단하지 않도록 특히 주의해야 합니다. 타당성뿐 아니라 건전성을 확보하는 데에도 주력해야 합니다. 건전한 주장은 모든 전제가 참인 주장을 의미합니다. 가짜뉴스 등에 현혹돼 잘못된 정보를 기반으로 해서는 건전성을 확보할 수 없습니다.

월터 시넛 암스트롱, 이영래 옮김, 《씽크 어게인: 논쟁의 기술》(해냄, 2020)

04

게으름 퇴치법

'오마하의 현인'으로 불리는 투자가 워런 버핏은 성공 비결을 따르고 싶다는 친구에게 이렇게 말했다고 합니다.

"하고 싶은 일 스물다섯 개 목록을 작성해보게. 그 가운데 우선적으로 처리해야 할 다섯 개를 골라 동그라미를 치고, 그 다섯 개를 실천하기 위한 세부 계획을 세워 그것에 집중하게."

나머지 스무 개는 어떻게 해야 하냐고 친구가 물었습니다.

"자네가 동그라미를 치지 않은 순간, 그것들은 어떻게 해서든 피해야 할 목록에 들어간 걸세. 무슨 일이 있든, 최우선 항목 다섯 개를 성공적으로 완수할 때까지 나머지 일들에 절대 주의를 빼앗겨서는 안 되네."

미국의 습관 전문가 스티브 J. 스콧(Steve J. Scott)이 《게으름이 습관이 되기 전에》라는 책에서 '게으름 퇴치법'을 소개했습니다.

"우리는 엄청나게 많은 일을 하며 살아가지만, 가만히 보면 그 가운데 꼭 필요한 일은 그렇게 많지 않다. 중요한 것에만 에너지를 집중하면 할 일을 제시간에 해내며 느긋하게 사는 게 어렵지 않다."

스콧이 제안하는 훈련법의 핵심은 중요한 일 몇 가지에만 집중하고, 나머지 일에는 신경을 끄는 것입니다. 버핏의 일화에서 따온 '25-5 법칙'이 핵심입니다. 먼저 자신의 핵심 가치관이 무엇인지를 알아야 합니다. 내가 소중히 여기는 가치가 무엇인가. 스스로 행복했고, 자랑스러웠고, 만족했던 경험의 공통점을 찾아보는 것이 출발점입니다.

그렇게 한다고 게으름이 모두 사라지는 건 아닙니다. 추가적인 노력이 필요하고, 게으름이 파고들 틈이 없도록 견고한 시스템을 만들어야 합니다. 스콧은 '7단계 습관 훈련법'을 제시합니다.

- 크고 작은 할 일들을 모두 적어본다.
- '25-5' 법칙에 맞춰 다섯 가지를 추려낸다.
- 3개월씩 스마트 목표를 세운다.
- 다 할 수 없는 일은 정중하게 거절한다.
- 주간 계획표를 만들고 주간 점검을 한다.
- 매일 실천하는 습관으로 게으름이 파고들 틈을 메운다.

- 지금까지의 실천사항을 꾸준히 진행하며, 미루는 버릇을 완전히 고친다.

무엇보다도 중요한 것은 해야 할 일을 명확하게 선정하고, 그 일에 집중하는 것입니다. 스콧은 무조건 '하기 싫은 일부터 먼저'를 중요한 원칙으로 선택하라고 조언합니다. 고비를 넘고 나면 그다음은 일사천리로 내달릴 수 있다는 겁니다.

'아이젠하워 매트릭스'도 게으름 퇴치법으로 요긴합니다. 일을 4분면으로 나눈 다음에 긴급하고 중요한 일, 중요하지만 긴급하지 않은 일 등으로 나눠 처리하는 방법입니다.

"즉시 해결할 수 있다면 당장!"을 스콧은 강조합니다. 미적거리면서 스트레스를 받을 필요가 없다는 것입니다. 이 밖에도 새길 만한 조언이 많습니다.

"큰일일수록 잘라서 공략하기, 전력질주가 필요한 순간 자신의 행동에 적절한 보상을 약속하기 등을 유기적으로 활용할 수 있다면 게으름을 퇴치하는 데 큰 효과를 거둘 수 있을 것이다."

스티브 스콧, 신예경 옮김, 《게으름이 습관이 되기 전에》(알에이치코리아, 2020)

05

행운을 바라지 말고, 무시하라

어렸을 때 부모가 헤어지면서 새아버지 밑에서 자랐고, 제대로 된 학교 교육을 받지 못했습니다. 열네 살 때 집을 나와 무작정 런던으로 가서 닥치는 대로 일했습니다. 그러던 가운데 자신에게 찾아온 기회를 알아차렸고, 놓치지 않았습니다. 영국 출판 사업가 펠릭스 데니스(Felix Dennis) 이야기입니다. 그는 가난과 무학의 설움을 딛고 '영국의 100대 부자'에 이름을 올렸습니다.

무일푼이었던 데니스는 어떻게 부자가 됐을까요?《진짜 돈 버는 방법》에서 그는 이렇게 말합니다.

"당신이 법치주의 국가에서 평균 수준의 지성을 갖고 몸과 마음이 건강하다면, 어떤 것도 당신이 돈 버는 일을 막을 수는 없다. 정말 돈을 벌고 싶은지, 성공하기 전 실패를 기꺼이 받아들일 수 있는지가 관건이다."

돈을 버는 데는 여러 갈래 길이 있지만, 혼자 힘보다는 다른 사람들의 도움을 받는 게 더 나은 방법입니다. 대부분 부자가 기업을 일궈 사업을 성공시킬 때 혼자 힘으로 한 것이 아닙니다. 인재를 알아보고, 고용하고, 키우는 능력을 갖췄던 겁니다.

인재를 영입했으면 자신을 위해 일하게 하고, 회사를 안 나가게 할 방법을 알아야 합니다. 인재가 회사를 떠나지 않게 하려면 융통성을 발휘해야 합니다. 흔히 생각하는 것과 달리, 급여가 늘 가장 앞선 우선순위는 아닙니다. 유능한 직원은 당연히 돈의 가치를 알고 있지만, 놀랍게도 그런 사람은 돈보다는 새로운 기회나 도전에 끌리는 경우가 많습니다.

인류 역사를 돌아보면 그런 일을 놀랍도록 자주 만날 수 있습니다. 인재들은 늘 그렇게 해왔으니까요. 데니스는 이렇게 말합니다.

"이집트의 피라미드를 만든 건 누구인가? 파라오일까, 기술자들일까? 잘 생각해보라. 그리고 찾을 수 있는 최고의 인재를 찾아 고용하라. 파라오가 그랬던 것처럼."

시간의 중요성도 놓쳐서는 안 될 대목입니다. 건강, 부, 심지어 사랑과 애정도 상황이 좋아지면 되찾을 수 있습니다. 하지만 시간은 절대 되돌릴 수 없죠. 데니스는 소중한 자원인 시간을 낭비하는 것은 죄라고까지 말했습니다.

그는 흔히 '운'이라고 부르는 것도 노력 없이는 만날 수 없다고 강조합니다. 운이란 준비와 기회가 만났을 때 생긴다는 겁니다. 유명 연예인이나 운동선수들이 연습을 더 많이 할수록 점점 운도 따랐다고 말하는 것과 같은 맥락입니다.

무엇보다도 중요한 것은 끈기입니다. "자신감과 통찰력, 집중력, 절제력 등 성공의 기반이 되는 자질은 여러 가지다. 하지만 어떤 자질도 끈기를 이길 수는 없다. 타고났든, 습득했든, 흉내를 냈든, 끈기가 다른 모든 자질을 뛰어넘는다." 끈기 앞에서는 실패하는 것도 실패일 수 없습니다. "많은 사람이 사업을 하면서 실패한다. 하지만 실패는 포기했을 때의 일이다. 실패의 다른 이름은 경험이다."

데니스의 성찰은 돈이 아닌 '삶의 성취'를 이루는 데에도 울림을 줍니다. "한 가지는 확실하다. 돈을 벌기 위해 행운을 바라는 건 소용없는 짓이다. 행운의 여신은 매우 비뚤어진 성격을 가진 것 같다. 행운의 여신은 행운을 별로 바라지 않는 사람을 찾아가고, 간절히 행운을 바라는 사람은 무시한다."

그러므로 행운의 여신을 무시하는 게 그녀를 만나는 가장 좋은 방법이라는 겁니다. 행운에 의존하지 말고 요샛말로 '밀당'을 하라는 조언입니다.

펠릭스 데니스, 도지영 옮김, 《진짜 돈 버는 방법》(크로스북스, 2020)

06

더 적게, 대신 더 철저하게

"나는 무엇이든 이겨낼 수 있다. 단 하나, 유혹만 빼고."

작가 오스카 와일드가 남긴 말입니다. 많은 사람이 수시로 스마트폰을 들여다보며 소셜미디어 게시물을 확인하고, 맛집이나 특가상품 등에 관한 정보를 하나도 놓치지 않으려고 애씁니다. 절호의 기회를 놓쳐버리지는 않을까, 유행에 뒤처지진 않을까, 나만 소외되는 건 아닐까 두렵기 때문입니다.

덴마크 알보그대학교 심리학과 교수인 스벤 브링크만(Svend Brinkmann)은 많은 현대인이 앓고 있는 이 증상을 '유행이나 흐름에 뒤처질지도 모른다는 두려움, 즉 포모(FOMO, Fear Of Missing Out)'라는 말로 설명합니다. 그러면서 "우리에게 필요한 것은 더 새롭고 더 많은 게 아니라, 불필요한 것들을 덜어놓고 내려놓는 절제"라고 말합니다. 행복의 비결은 잘 포기하고 기꺼이 뒤처지는 데 있다는 얘기입니다. 그가 제시한 우리를 진정한 행복으로 이끌 '절제의 5원칙'은 다음과 같습니다.

- 선택지 줄이기: 사람들은 뭐든 많을수록 좋다고 여기는 경향이 있지만, 그럴수록 결정만 더 어려워진다. 지금 가진 것에서 적당히 선택하고 만족하는 태도가 중요하다.
- 진짜 원하는 것 하나만 바라기: 너무 여러 가지를 바라면 마음은 '구멍 난 항아리'처럼 변하고 만다. 보다 의미 있고 만족스러운 삶을 살고 싶다면, 진짜 원하는 것 하나에 마음을 기울일 줄 알아야 한다.
- 기뻐하고 감사하기: 우리는 흔히 행복을 '얻어내는 것'이라고 생각하지만, 타인을 위해 가진 것을 내놓고 포기할 때 행복이 생겨난다.
- 단순하게 살기: 꼭 필요한 것만 원하는 태도가 개인의 행복과 사회의 지속가능성을 위해 필요하다.
- 기쁜 마음으로 뒤처지기: 미학적 관점에서 절제는 단순하며, 그렇기에 아름답다.

브링크만은 덴마크가 세상에서 가장 행복한 나라로 손꼽히는 이유를 '얀테의 법칙(Janteloven)'에서 찾습니다. 덴마크와 스칸디나비아 사람들 대부분은 '자기 자신을 특별하거나 지나치게 뛰어난 사람으로 여기지 않는 것'이 몸에 배어 있는데, 이를 '얀테의 법칙'이라고 부릅니다. 그들은 인생에 대한 기대를 적게 하고, 그 안에서 자신이 정할 수 있는 선택지도 많지 않다고 여깁니다.

인생에서 '우연의 비중'이 생각보다 훨씬 크다는 사실을 깨닫는 것도 중요합니다. 우리가 마음 쓰는 것들은 대부분 우리 뜻대로 할 수 없는 것들입니다. 우리는 늘 최선을 다하죠. 그런데도 성공을 장담하지 못합니다.

참된 절제는 머리로 이해한다고 해서 이뤄지는 게 아닙니다. 우리에게 주어진 것을 다른 사람과 나눌 줄 알고, 다른 사람에게도 말할 기회를 줘야 한다는 사실을 머리만이 아닌 몸으로 느낄 수 있어야 합니다. 몸에 각인되지 않은 윤리는 행동으로 옮겨지지 않기 때문입니다. 브링크만은 이런 명언을 남겼습니다.

"윤리는 추상적이고 지적인 게임이 아니라, 실천적 모험이고 행동의 문제다. 그리고 그 행동을 절제하는 문제다."

스벤 브링크만, 강경이 옮김, 《절제의 기술》(다산초당, 2020)

07

확실하지 않은 말은 꺼내지 말라

"생각보다 훨씬 많은 사람이 습관의 중요성과 위력을 알지 못한다. 목표가 모호하고, 타인이 정해놓은 삶을 별 이의 없이 따라간다. 많은 사람이 가는 평범한 길을 따라가며 모두 그렇게 산다고 생각한다."

미국의 '철강왕' 앤드루 카네기는 그렇고 그런 삶을 하루하루 살아가는 사람들을 보며 안타까워했습니다. 그래서 자신을 취재하러 온 기자 나폴레온 힐(Napoleon Hill)에게 보통 사람들도 반드시 성공할 수 있는 인생의 법칙을 완성해달라고 부탁했습니다.

힐은 카네기의 당부를 받아들여 끈질기게 탐구한 후 《여덟 가지 삶의 태도》라는 책에 '성공의 법칙'을 정리했습니다. 힐은 직접 만나 인터뷰한 카네기, 토머스 에디슨, 그레이엄 벨 등 당대에 성공한 500여 명의 삶을 분석하여 그 결과를 바탕으로 '평범한 사람들이 실천할 수 있는, 성공으로 이끄는 습관'을 규명했습니다. 한 세기 이전 성공한 미국인들의 공통점을 추려낸 것이지만, 지금까지도 많은 공감을 받고 있는 내용입니다.

힐이 요약한 '삶을 바꾸기 위한 기본 지침'은 다음과 같습니다.

- 명확한 목표(definiteness of purpose): 목표가 구체적이고 명확하지 않으면 결과물도 그와 비슷하게 모호해진다. 목표가 명확해지면, 그것을 달성하기 위해 어떤 방법을 취할 것인가에 대한 방향성도 제대로 정하고 실천할 수 있다.
- 정확한 사고(accurate thinking): 목표가 명확해진 뒤에는 정확한 사고를 할 수 있어야 한다. 이를 위해서는 사실과 허구를 명확하게 구분하고, 끊임없이 검증해야 한다.
- 실행하는 믿음(applied faith): 자기 마음을 통제하고 목표를 향해 나아가도록 하는 믿음을 가져야 한다. 이 확신을 통해 성공에 이르는 힘과 에너지가 형성된다.
- 놀라운 습관의 힘(cosmic habit force): 습관이 유형화되면 자연법칙과 같이 큰 힘을 갖게 된다. 각자가 원하는 목표에 맞게 마음을 잘 통제하고 좋은 습관을 형성해야 한다.

힐이 특히 강조하는 건 '정확한 사고'입니다. 어떤 주제든 의견을 낼 일이 있다면 출처가 확실한지, 남에게 전해 들은 이야기인지를 짚어야 한다는 의미입니다. 확인된 사실을 근거로 판단하지 않는 이상, 어떤 의견도 안전하지 않기 때문입니다. 그는 사실에 근거했다는 확신이 없다면 절대로 의견을 표명하지 말아야 한다고 강조합니다.

힐은 특히 토머스 에디슨의 경험담에서 인생의 가장 큰 깨달음을 얻었다고 말합니다.

"에디슨은 어떻게 실패를 극복하고 백열전등을 완성했는지를 내게 들려줬다. 문제의 해결책을 찾기 전까지 만 개가 넘는 아이디어를 시도했는데, 그러는 족족 실패했다. 생각해보라. 한 남자가 만 번의 실패를 경험하고도 흔들림 없는 믿음으로 계속 도전해 마침내 승리의 왕관을 쓴 것이다. 평범한 사람은 한 번의 실패로도 쉽게 포기한다. 그게 평범한 사람은 많지만 에디슨은 한 명뿐인 이유일 것이다."

나폴레온 힐, 유혜인 옮김, 《여덟 가지 삶의 태도》(흐름출판, 2019)

08

아침에 눈을 뜨는 이유

프린스턴대학교에 재학 중이던 B.J. 밀러는 술을 마시고 전기 셔틀 기차에 올랐다가 큰 사고를 당했습니다. 두 다리와 한쪽 팔을 절단 하는 수술을 받았습니다. 한순간에 혼자서는 일어설 수도, 걸을 수 도 없게 된 밀러는 자신에게 찾아온 불행에 절망하는 대신 지금 자 신이 할 수 있는 일을 찾아 삶의 목표를 새로 세우기로 마음먹었습 니다.

밀러는 치료를 마친 이듬해 패럴림픽에 미국 배구팀 국가대표로 출전했고, 자신과 같은 사고를 당한 사람들을 위한 완화치료 전문 가가 됐습니다. 현재는 테드를 비롯한 수많은 강연장에 서며 자신 의 이야기를 전하고 있습니다.

캐서린 A. 샌더슨(Catherine A. Sanderson) 매사추세츠대학교 교수는 절망적인 순간에 밀러를 일으켜 세운 원동력이 직관적인 긍정 심리라고 말합니다. 불편함과 곤란함을 동반하는 크고 작은 사건들이 예기치 않게 우리를 찾아오지만, 사건이나 문제를 바라보는 사고방식을 통제할 수 있다면 우리 삶을 얼마든지 변화시킬 수 있다고 이야기합니다.

샌더슨은 연구 결과를 바탕으로 건강하고 긍정적인 자세는 훈련으로 얼마든지 가능하다는 견해를 내놓았습니다. 잊고 싶은 과거의 기억, 시간의 흐름으로 인한 노화, 불행한 사건, 생길지 모르는 미래의 문제 상황들…. 부정적인 생각을 자꾸 하면 안 좋다는 것을 알면서도 우리는 부정적인 생각을 멈추지 못합니다. 샌더슨은 인간이 갖고 있는 대부분의 부정적인 직관은 외부 위협에 대응하기 위한 진화 프로세스의 결과라며, 부정적인 생각의 힘이 강한 것은 당연하다고 말합니다.

부정적인 생각은 인간의 DNA에 새겨져 있을 정도로 강력하기 때문에 벗어나기 위해 의식적으로 노력하지 않는 한 그 속에 머물러 있을 수밖에 없습니다. 샌더슨은 진화의 산물인 뇌의 부정적인 시그널을 긍정적인 시그널로 바꾸기 위해서는 생각의 초점을 바꿔야 한다고 강조합니다. 자신이 통제 불가능한 상황에서 통제 가능한 조건으로 옮기고, 행동을 정의하는 프레임을 바꾸는 적은 노력으로도 우리의 머릿속 긍정 스위치를 켤 수 있다는 것입니다. 예를 들어 일반 셰이크에 '다이어트 셰이크'라는 이름을 붙이는 것만으로도 신체의 호르몬 수치가 실제 다이어트 셰이크를 먹었을 때처럼 반응하는 것으로 나타났습니다. 반대로 노화에 대한 부정적인 단어를 지속적으로 접하는 사람들은 수명이 줄어들었다는 연구 결과도 있습니다.

일본 오키나와, 코스타리카의 니코야 반도, 그리스 이카리아, 이탈리아 사르데냐, 미국 캘리포니아의 로마린다는 '세계 5대 장수 지역'으로 꼽힙니다. 샌더슨은 이들 지역 사람들에게 공통된 특징 한 가지에 주목했습니다.

"이들 문화권에서는 모든 연령대의 사람들이 삶의 의미와 목적을 찾는다. 오키나와에서는 '사는 보람(いきがい)'이라는 말을 자주 쓰고, 니코야에서는 '인생 계획(plan de vida)'이라는 말을 널리 사용한다."

두 표현 모두 '아침에 눈을 뜨는 이유'라는 의미를 갖고 있답니다. 당신에게도, 당신의 가족이나 친구에게도 이런 존재의 이유가 있을 것입니다. 우리 모두는 나이나 개인적 처지가 어떻든 아침에 눈을 뜰 이유가 필요합니다.

캐서린 A. 샌더슨, 최은아 옮김, 《생각이 바뀌는 순간》(한국경제신문사, 2019)

09

사람들은 어떻게 설득되는가

우리 일상 가운데 상당 부분은 다른 사람들에게 영향을 끼치는 일로 이뤄집니다. 배우자에게 의견을 전달하거나, 자녀를 가르치거나, 회의실에서 브리핑을 하거나, 청중에게 강연을 하거나, 온라인 팔로워들에게 '좋아요'를 누르게 하는 일 등이 그렇습니다. 자신이 이 일을 얼마나 잘 해내고 있는지 생각해본 적이 있으십니까?

탈리 샤롯(Tali Sharot) 런던대학교 뇌감정연구소 소장은 오랜 탐구 끝에, 자신의 의견이나 지식을 전하며 다른 누군가에게 영향을 끼치고 싶어 하는 것은 우리의 본능과도 같다는 결론을 내렸습니다. 다만, 우리가 일반적으로 행해온 접근 방식은 잘못된 경우가 많다고 지적합니다. 겁을 줘서 움직이려고 애쓰거나, 통제력을 행사하려고 시도하거나, 각종 증거 자료를 들이대며 상대방이 틀렸다고 주장하는 것이 그 예입니다. 샤롯은 그런 식의 접근 방식을 취하면 상대는 외면하거나 맹렬하게 반증을 찾는다고 말합니다.

내 앞에 있는 사람들의 행동 방식과 신념에 영향을 끼치고 싶다면 먼저 그들의 머릿속에서 무슨 일이 벌어지고 있는지를 이해하고, 그들의 뇌가 작용하는 방식을 따라야 한답니다. 우선 공통의 동기를 파악하고, 서로의 기존 견해와 충돌하지 않는 다른 방안을 제시해야 한다는 거죠. 예를 들면 이런 방식입니다.

"체리는 아주 오랫동안 남편에게 동네 헬스장에 함께 다니자고 설득하던 중이었다. 남편의 생활 방식을 바꾸기 위한 시도로 점점 두툼해지는 남편의 뱃살을 조심스럽게 언급했다."

하지만 남편은 꿈쩍도 하지 않았습니다. 운동을 하지 않으면 심장질환 위험률이 높아진다고 을러댔지만 역시 소용이 없었습니다.

그랬던 남편이 확 달라졌습니다. 어느 날 저녁, 마지못해 헬스장에 다녀온 남편에게 "잘 다져진 근육이 멋지다"라고 칭찬해준 덕분이었습니다. 신체적인 매력이 점점 돋보이고 있다는 의견을 계속해서 전달하자 남편도 계속해서 헬스장을 찾았습니다. 피드백의 작은 변화, 즉 운동을 하지 않을 때 장기적인 부정적 결과를 강조하는 것에서 즉각적인 긍정적 결과를 강조한 것이 엄청난 차이를 만들어낸 겁니다.

'이케아 효과(IKEA effect)'라는 말이 있습니다. 다른 누군가가 만들어준 것보다 자신이 직접 만든 것에 더 큰 가치를 부여하는 것을 일컫습니다. 사람들은 선반을 자신이 직접 조립하면 다른 누군가가 조립한 똑같은 선반보다 훨씬 좋다고 생각하는 경향이 있습니다. 조금 비뚤게 조립됐을 때조차도 그렇습니다.

역설적이게도 인간에게는 통제권을 내주고 선택권을 제공하는 것이 강력한 영향력 행사의 도구가 된답니다. 편식이 심한 아이에게 샐러드를 만들어보게 하면 채소를 잘 먹는다거나, 학생들에게 강의 계획서를 짜게 하면 학습 의욕이 더 높아지는 것도 이런 이치입니다. 이를 기업에도 적용할 수 있습니다. 고객에게 더 많은 선택권을 주면 만족도가 높아지고, 직원들이 직접 규정을 마련하고 목표를 세울 수 있도록 하면 자발적인 동기부여가 됩니다.

탈리 샤롯, 안진환 옮김, 《최강의 영향력》(한국경제신문사, 2019)

10

사람은 일을 통해 성장한다

1970년대 초 미국에 심각한 가뭄이 들었을 때, 일본 이토추상사의 젊은 뉴욕 주재원이 큰 실수를 저질렀습니다. 가뭄 탓에 콩 가격이 치솟을 것으로 보고 사재기에 나섰는데, 단비가 쏟아지면서 시세가 폭락한 것입니다. 회사에 끼친 장부상 손실이 500만 달러가 넘었습니다.

그는 감당할 수 없는 금액에 짓눌렸지만 사표를 내지 않았습니다. 대신 '이까짓 일로 무너지지 않겠다'고 다짐했습니다. 직접 차를 몰고 콩 산지를 오가며 현황을 파악하고, 민간 일기예보 회사 정보까지 수집하며 기상 자료를 분석했습니다. 그 결과 반년 만에 손실을 만회한 그는 쉰다섯 살에 회사의 사장이 됐고, 6년 뒤엔 회장으로 추대됐습니다.

니와 우이치로(丹羽宇一郎) 전 이토추상사 회장의 이야기입니다. 그는 이렇게 말합니다.

"일하는 사람으로서 중요한 것은 재능이 아닌 노력이며, 노력을 멈추지 않기 위한 강한 마음이다."

일하는 사람이라면 '무엇을 위해 일하는가'라는 질문에 나름의 답을 내놓을 수 있어야 한다는 조언도 곁들입니다. 주위의 칭찬을 받기 위해서라면, 일을 통해 진정한 기쁨을 얻을 수 없다는 겁니다.

직장인이라면 어떤 상사, 어떤 부하가 될 것인가도 새겨둘 만한 화두입니다.

"부하가 상사에게 배우는 것은 경영 노하우나 매뉴얼 같은 형태로 된 것만이 아니다. 형태나 활자로 남는 것은 누구나 배울 수 있다. 그보다는 정신, 마음, 감동이나 감격처럼 형태로는 보이지 않는 부분이 중요하다."

부하로서는 지시받은 일을 제대로 수행해서 상사와 주변 사람들의 신뢰를 얻는 게 중요합니다. '나는 열심히 일했는데 팀장님이 그만큼 평가해주지 않는다' 같은 불만을 이겨내야 합니다.

"능력은 타인이 평가하는 것이지, 자신이 평가하는 게 아니다. 비즈니스 세계에서는 자기 평가가 아무런 도움이 되지 않는다. 자신의 능력을 스스로 평가하는 사람은 타인의 평가에 불만을 품고, '남 탓 증후군'이나 자신감 과잉에 빠지기 십상이다."

일을 하다 보면 숱한 문제에 부딪혀 스트레스를 받는 날이 많습니다. 문제가 생기지 않는 인생은 어디에도 존재하지 않으며, 문제가 있다는 것은 오히려 살아 있다는 증거입니다. 온종일 누워 뒹굴기만 한다면 아무 문제도 생기지 않겠지요. 안고 있는 문제가 크면 클수록, 많으면 많을수록 진지하게 살아가고 있는 것입니다. 그러므로 문제가 있다는 것을 기뻐해야 합니다.

우리가 배워야 할 것은 '일의 방법'이 아니라 '일하는 마음'이라고 니와는 강조합니다.

"일을 하다 보면 누구에게나 위기는 닥친다. 저마다 절망적인 순간이나 혼란스러운 상황과 마주할 때가 있다. 이때 중요한 것은 이를 극복하고자 노력할 수 있느냐다. 사람은 일을 통해 성장한다." 한마디로, 사람은 일로 연마된다는 것입니다.

니와 우이치로, 김윤경 옮김, 《일이 인생을 단련한다》(한국경제신문사, 2019)

11

어떤 최선을 다하고 있는가

동물은 굶주리거나 적에게 쫓기는 상황이 되면 자신을 극한까지 몰아붙입니다. 인간도 마찬가지입니다. 회복할 시간도 없이 자신을 몰아세우면 몸은 '위험한 상황'이라고 인식합니다. 그 순간 자율신경계(내장기관을 무의식적으로 제어하는 역할을 맡고 있는 신경계)가 활성화되면서 생존에 덜 중요한 시스템은 작동을 멈춥니다. 노화를 방지하고, 행복을 느끼고, 사고를 주관하는 시스템이 활동을 그치는 것입니다.

실리콘밸리의 '괴짜 CEO'로 불리는 데이브 아스프리(Dave Asprey)가 '새로운 성공 공식'을 밝혀냈습니다. 즉, 성공한 사람들의 공통점은 돈보다 행복을 추구한다는 건데요, 돈을 벌어서 행복해진 게 아니라 행복해지니까 돈이 자연스럽게 따라왔다는 이야기입니다. 행복한 사람은 덜 행복한 사람보다 생산성이 31퍼센트나 높고, 창의력은 세 배나 뛰어나다는 연구조사 결과도 있답니다.

행복해지기 위해서는 성공을 향해 자신을 몰아붙이는 일부터 그만둬야 합니다. 아스프리는 자신의 몸을 회복하는 데에서만큼은 장인이 돼야 한다고 강조합니다. 매일 마라톤을 하겠다는 생각은 버리고 단거리를 전력질주하고 휴식을 취하라고 조언합니다. 열심히 일하고 열심히 쉬어야 남은 레이스를 완주할 수 있다는 의미입니다.

아스프리가 혁신적인 의학박사와 생화학자들, 세계 최고의 운동선수들, 미 해군 엘리트 특수부대원들, 명상 전문가와 자기계발 리더들에 이르기까지 자기 분야에서 최고의 경지에 오른 450명을 만나본 결과 이들의 성공 요인에는 한 가지 공통점이 있었습니다. 돈과 권력, 명성이 아닌 '자기 개선'이 성공으로 이끌었다는 것입니다. 자기 개선의 세 가지 키워드는 '더 똑똑하게', '더 빠르게', '더 행복하게'입니다.

빨라지거나 행복한 마음을 품는 것과 마찬가지로, 더 똑똑해지는 것도 노력을 통해 얼마든지 이룰 수 있습니다. 과거 대다수의 의사와 과학자는 뛰어난 두뇌는 타고나는 것으로 생각했습니다. 20세기 말이 돼서야 신경가소성(neuroplasticity) 개념이 세상에 알려졌죠. 이는 뇌가 새로운 세포를 만들고 새로운 신경적 연결을 형성하는 능력이 발전할 수 있다는 개념으로, 새로운 습관을 들이고 새로운 신념을 구축하면 인간의 두뇌가 변화할 수 있다는 것입니다. 현재 자신이 똑똑하거나 훌륭하지 않다고 생각해도 괜찮습니다. 얼마든지 바꿔나갈 수 있기 때문입니다.

데이브 아스프리, 신솔잎 옮김, 《최강의 인생》(비즈니스북스, 2019)

12

그만두는 것도,
계속하는 것도 습관이다

근육질 배우로 명성을 쌓고 미국 캘리포니아주 주지사까지 지낸 아널드 슈워제네거의 어릴 적 꿈은 따로 있었습니다. 보디빌딩 세계 챔피언이 되는 것이었습니다. 그리고 그 꿈을 이뤘습니다. 세계 보디빌딩계의 최고봉으로 불리는 미스터 올림피아 대회에서 여섯 차례나 우승한 것입니다. 이 경험은 그에게 '하면 된다'는 자신감을 갖게 했고, 할리우드에 이어 정치인으로서도 성공을 거두는 데 큰 자산이 됐습니다.

슈워제네거는 그러나 10대 시절 운동을 시작하면서부터는 정작 '미스터 올림피아 대회 우승'이라는 목표를 머릿속에서 지웠다고 회고합니다. 대신 근육을 키우기 위한 하루하루의 반복적인 훈련에만 신경을 썼습니다. 운동을 한 번 반복할 때마다 미스터 올림피아에 한 걸음 가까워진다고 생각했을 뿐, 목표 자체는 완전히 잊어버리고 운동 횟수를 늘리는 데만 집중했습니다.

미국 자기계발 전문가 제프 헤이든(Jeff Haden)은 '동기부여는 행동하게 하는 원인이 아니라 행동에서 비롯된 결과'라고 이야기합니다.

"흔히 큰 동기를 부여해야 더 큰 노력을 쏟게 된다고 생각한다. 동기 부여가 힘든 일에 도전할 열정을 일으켜준다는 것이다. 하지만 그 반대다."

끝까지 지속하게 해주는 원동력은 동기가 아니라 '작은 성공'에서 생기며, 그 작은 성공이 모일 때 비로소 '커다란 변화'를 경험하게 된다는 것입니다.

헤이든은 이것을 '스몰 빅 사이클'이라고 부릅니다. 개선되는 자신의 모습이야말로 다음 단계로 향하게 하는, 그 무엇보다 강력한 동기부여가 된다는 의미입니다. 그러니 일단 시작하라는 겁니다. 그러기 위해서는 목표를 잊어야 합니다.

"목표는 잊어야 이룬다. 등산 중 산 정상까지 5킬로미터가 남았을 때 '저 앞의 모퉁이까지만', 다시 '저 앞의 모퉁이까지만' 하면서 마침내 목표지점에 도착한 경험이 한 번쯤은 있을 것이다. 지금 당장은 목표지점까지의 거리가 너무 멀게 느껴지는 만큼 목표만 생각했다가는 오히려 중도에 포기할 가능성만 커진다. 목표는 잊어버리고 지금 할 수 있는 것을 떠올려라."

이 과정에서 새겨야 할 게 있습니다. 다른 사람을 의식하지 않는 것입니다. 헤이든은 다른 사람과 달리는 속도를 비교하지 말라고 조언합니다. 그의 속도를 절대 따라잡지 못할 수도 있으니까요. 체력이 고등학교 때만 못하다고 걱정하지 말라고도 했습니다. 앞으로도 절대 그때로는 돌아가지 못할 테니까요. 매일 일과를 따르고 계획표대로 훈련하는 것만이 중요합니다. 그러면서 오늘도 잘 해낸 자신에게 칭찬을 해주면 됩니다. 지금은 하루도 빠짐없이 계획표대로 실천하는 것을 유일한 평가 기준으로 삼으면서 말이죠.

작은 단계에 집중하기 위해서는 자신만의 루틴(routine)을 만드는 게 중요합니다. 매일 책 10쪽씩 읽기, 오후 8시부터 딱 1킬로미터 달리기, 고객 세 명에게 3분씩 전화하기 등 작은 계획을 멈추지 않고 해내는 것이 중요합니다.

"그만두는 습관은 쉽게 생긴다. 이번에 그만두면 다음에는 아무 이유 없이 그만두는 일이 생길 것이다. 그만두는 것은 습관이다. 마찬가지로 계속하는 것도 습관이다."

제프 헤이든, 정지현 옮김, 《스몰빅》(리더스북, 2019)

13

써보라, 쓰는 대로 된다

직장인 A 씨는 아침에 눈을 뜰 때마다 회사에 가기 싫다는 생각이 가장 먼저 떠오릅니다. 주말에도 문득 업무 생각이 떠올라 가슴이 답답해집니다. 잡지사에서 일하는 워킹 맘 B 씨는 마감 때마다 불안감에 시달리고, 육아를 병행하느라 부족한 시간 때문에 스트레스가 쌓입니다. C 씨는 새해마다 영어 공부, 다이어트, 새로운 취미 시작하기 등 다양한 목표를 세우지만 매번 작심삼일에 그치고 맙니다.

우리 주위에서 흔히 볼 수 있는 사람들의 모습입니다. 일본에서 습관화 컨설팅 회사를 이끌고 있는 후루카와 다케시(古川武士)가 이런 사람들의 공통점을 콕 집어 말합니다.

"일에 대한 걱정과 불안에 사로잡혀 제대로 쉬지 못하고 괴로워하며 똑같은 일상을 반복하는 사람들에게는 특징이 있다. 이것저것 걱정만 잔뜩 하고 여러 가지 일을 한꺼번에 처리하고자 하지만, 뭐 하나 제대로 마무리하지 못한다는 것이다."

심리학에서는 무수한 잡념에 의식이 빼앗긴 이런 상태를 '마음놓침(mindlessness)'이라고 합니다. 마음놓침 상태에 빠지면 쓸데없이 에너지를 빼앗겨 정작 해야 할 일에 대한 집중력이 떨어지고, 그 때문에 스트레스에 시달리게 됩니다.

해결책은 어떤 잡념도 없이 눈앞의 일에만 집중하는 '마음챙김(mindfulness)' 상태를 만드는 것입니다. 후루카와는 이를 위한 가장 좋은 방법이 '쓰기'라고 말합니다. 쓰기는 출퇴근 전철이나 카페 등 언제 어디서나 쉽게 실천할 수 있습니다. 머릿속으로 생각만 하면 꼬리에 꼬리를 물고 다른 생각으로 퍼져 집중력이 흐트러지지만, 쓰기를 시작하면 당장 눈앞의 일에 높은 집중력을 발휘할 수 있습니다.

앞서 이야기한 A 씨, B 씨, C 씨도 '쓰기'를 시작하면서 스트레스를 낮췄습니다. 직장인 A 씨와 워킹 맘 B 씨는 '네거티브 리스트'를 씀으로써 문제 해결의 실마리를 찾았습니다. 머릿속을 점령하고 있는 근심, 불안, 걱정을 모두 쏟아내자 상황과 문제를 차분히 인지할 수 있게 된 것입니다. 매번 결심만 하고 실행하지 못하던 C 씨는 실행하기 쉽도록 행동을 잘게 쪼개고 메모로 구체화했습니다. '하루 30분씩 달리기를 한다'는 커다란 목표를 '퇴근하고 곧바로 운동복으로 갈아입는다'는 작은 행동으로 바꾸는 식입니다.

미국 미시간대학교 연구팀의 조사에 따르면 사람들이 걱정하는 일의 80퍼센트는 일어나지 않는다고 합니다. 걱정했던 일이 실제로 일어날 확률은 고작 4퍼센트에 불과한 것으로 나타났습니다. '쓰기'는 쓸데없는 불안감을 지워내는 확실한 방법입니다.

"어떤 것을 도모하더라도 머릿속에 머물러 있으면 불안감이나 스트레스와 만날 가능성이 매우 높다. 그러나 펜을 들고 머릿속에 떠오르는 계획이나 궁리를 적어보면 자신이 그것을 완전히 통제하고 있다는 느낌을 가질 수 있다."

후루카와 다케시, 유나현 옮김, 《쓴다 쓴다 쓰는 대로 된다》(비즈니스북스, 2019)

14

운은 버스와 같다

〈인디아나 존스〉, 〈마이너리티 리포트〉, 〈라이언 일병 구하기〉, 〈쉰들러 리스트〉….

할리우드 최연소 영화감독으로 이름을 떨친 스티븐 스필버그의 성장기는 그다지 아름답지 않습니다. 청년 시절의 그는 영화학교 입학시험에도 떨어진, 별 볼 일 없는 감독 지망생이었습니다. 그에게 성공 신화의 발판이 되어준 것은 '무단침입'입니다.

감독 지망생 시절, 스필버그는 유니버설스튜디오에 투어 버스를 타고 들어가서는 도중에 뛰어내려 화장실에 숨었습니다. 투어 버스가 떠난 걸 확인한 뒤 온종일 스튜디오를 돌아다녔습니다. 그러다가 마주친 스튜디오 관리자를 졸라 3일짜리 출입증을 받아냈습니다. 나흘째 되는 날, 정장 차림에 아버지의 서류 가방을 챙겨 들고는 또 유니버설스튜디오로 향했습니다.

　게이트로 걸어 들어가 경비원에게 손을 흔들며 먼저 인사했습니다. 경비원도 같이 손을 흔들어줬고, 이후 석 달 동안 이런 식으로 스튜디오를 휘젓고 다녔습니다. 영화계 스타와 영화사 임원들에게 다가가 점심 약속을 잡아내기도 하고, 녹음실에 숨어들거나 편집실에 앉아 최대한 많은 정보를 흡수했습니다. 그가 낙방했던 영화학교에서보다 훨씬 더 깊고 풍부한 공부를 온몸으로 부딪쳐가며 해낸 것입니다.

　이 이야기는 미국 서던캘리포니아대학교 의대생 알렉스 바나얀 (Alex Banayan)이 쓴《나는 7년 동안 세계 최고를 만났다》에 소개된 내용입니다. 바나얀은 끈질긴 노력 끝에 스필버그와 마이크로소프트 창업자 빌 게이츠, 월가의 가치 투자 전도사 워런 버핏, 애플 공동창업자 스티브 워즈니악, 전설적인 방송 진행자 래리 킹, 동물학자 제인 구달 등을 인터뷰한 후 '성공한 사람들만의 공통점'을 발견했습니다. 그들이 인생에서 '세 번째 문'을 선택했다는 사실입니다.

　"첫 번째 문은 99퍼센트의 사람들이 가고 싶어 줄을 서는 문이고, 두 번째는 부자나 유명 인사만 들어갈 수 있는 문이다. 세 번째 문은 쓰레기장을 헤치고 문전박대를 당하는, 온갖 역경을 거쳐야 하는 문이다."

　버핏도 젊은 시절 스필버그 못지않은 어려움에 부딪혔습니다.

처음 주식중개인으로 일할 때 어떤 기업인도 그를 만나주지 않은 것입니다. 그래서 버핏은 접근법을 바꿨습니다. 기업인들에게 전화를 걸어 "세금을 아낄 방법이 있다"라고 말한 겁니다. 그러자 냉대하던 기업인들이 먼저 연락해왔습니다. 그들에게 필요한 것이 무엇인지를 정확하게 짚은 것이었습니다.

평범하고 예측 가능한 삶이 아니라 미지에 도전하는 사람들이 한결같이 들려주는 얘기가 있습니다.

"운은 버스와 같아. 놓쳐도 다음 버스가 있어. 하지만 준비하지 않으면 그 버스에 타지 못해."

알렉스 바나얀, 김태훈 옮김, 《나는 7년 동안 세계 최고를 만났다》(알에이치코리아, 2019)

15

말이 일으키는 기적

프랑스 파리에서 일본 하네다로 가던 비행기에 문제가 발생해 파리로 회항하게 됐습니다. 객실 승무원은 탑승객들에게 일일이 사과했습니다. 퍼스트 클래스 고객들은 "파리에서 깜빡 잊고 못 사온 게 있는데 잘됐네요", "고생하네요. 힘내세요" 하며 격려를 아끼지 않았습니다. 비즈니스 클래스에서는 "내일 꼭 참석해야 하는 회의가 있는데 어떻게 합니까!" 하는 불평이 쏟아졌고 객실 분위기가 싸늘해졌습니다. 이코노미 클래스에서는 성난 고객이 승무원의 멱살을 움켜잡았습니다.

일본 카피라이터 히스이 고타로(ひすい こたろう)가 쓴 책《하루 한줄 행복》에 나오는 일화입니다. 억만장자 친구로부터 이 얘기를 전해 들은 히스이가 "역시 돈에 여유가 있는 사람들이 마음에도 여유

가 있구나"라고 말하자 친구는 고개를 저었습니다. "마음이 먼저일세. 마음에 여유가 있어서 돈에도 여유가 생긴 거라고."

히스이는 일본에서 개인납세액 1위에 오른 기업가 사이토 히토리의 일화도 소개합니다. 사이토는 "나에게는 성공이나 대성공만 있다"라고 말한다고 합니다. 이제까지 인생을 살면서 단 한 번도 실패를 맛본 적이 없다는 겁니다. 대단하지 않은가요?

내막은 이렇습니다. 예를 들어 30분 동안 바둑을 배우다가 포기했다고 해봅시다. 사이토는 이렇게 생각한답니다. '30분 동안 배운 것만큼 바둑에 대해 조금 말할 수 있게 됐으니 성공한 것이나 다름없다'라고요.

이 세상이 어떻게 보이는지는 '눈'이 아니라 '말'에 달려 있습니다. 무지개색이라는 말을 들으면 우리는 흔히 '빨주노초파남보' 일곱 가지 색깔을 떠올립니다. 그런데 어떤 나라에서는 무지개색이 여섯 가지 색깔입니다. 파란색과 남색을 구분하는 단어가 없기 때문이죠. 말이 존재해야 인식할 수 있게 되고, 비로소 보이는 세계가 있다는 뜻입니다.

마음에 담아둔 말을 털어놓을 때 누군가가 귀 기울여 들어주는 것만으로도 큰 치유의 힘을 발휘하는 경우가 많습니다. 히스이는 잔혹한 학대를 받던 사람이 카운슬러를 찾아온 사례도 소개합니다. 카운슬러는 그 고객의 문제를 해결할 방법을 찾을 수 없었고, 상담이 실패했다고 생각했습니다. 그런데 고객이 뜻밖의 반응을 보였습니다. "지금까지 나를 변화시키려고 애쓴 사람이 많았습니다. 하지만 나를 이해해주려고 애쓴 사람은 당신이 처음입니다."

사람들이 괴로워하는 것은 상대가 자신을 이해해주지 않아서가 아니라, 이해해주려고 하지 않아서인 경우가 적지 않습니다. 애초에 타인을 100퍼센트 이해할 수는 없습니다. 하지만 이해하려고 노력할 수는 있습니다. 이해해주려는 마음으로 단지 곁에 있어 주기만 해도 멋진 치유가 됩니다.

히스이 고타로, 유미진 옮김, 《하루 한 줄 행복》(한국경제신문사, 2019)

16

'열정'에 대한 착각

2005년 스탠퍼드대학교 졸업식. 애플 CEO 스티브 잡스가 식장을 꽉 채운 2만 3,000여 명의 사람들 앞에서 열변을 토했습니다.

"여러분이 사랑하는 일을 찾으십시오. 아직 그런 일을 찾지 못했다면 계속해서 찾아보세요. 현실에 안주하지 마십시오."

이 연설 동영상은 유튜브에 올라가자마자 350만 뷰의 조회 수를 기록했습니다. '인습 타파'의 상징적 인물이 설파한 '열정을 따르라'는 조언은 많은 사람에게 감동을 불러일으켰습니다.

그런데 놀라운 사실이 있습니다. 정작 스티브 잡스는 자신의 조언을 따르지 않았다는 겁니다. 미국 오리건주 포틀랜드의 리드대학교에 입학한 그는 장발에 맨발 차림으로 미국 역사와 댄스를 연구하고, 동양 신비주의에 심취해 있었습니다. 사업이나 전자기기에는 전혀 관심이 없었습니다. 1년 만에 대학을 중퇴하고는 수련공동체를 들락거리고, 인도로 영적 여행을 다녀온 뒤 젠(zen) 센터에서 선(禪)을 수련했습니다.

칼 뉴포트(Cal Newport) 조지타운대학교 교수는 사랑하는 일을 찾으라는 잡스의 말과 관련하여 자신의 연구 결과를 이렇게 소개했습니다.

"만약 젊은 시절의 잡스가 훗날 스스로 얘기한 조언을 따라 오직 자신이 사랑하는 일만 추구했다면, 아마도 로스앨터스 젠 센터에서 가장 유명한 강사가 됐을 것이다."

캐나다 심리학자 로버트 J. 밸러랜드(Robert J. Vallerand)는 대학생들을 대상으로 '열정을 갖고 있는지'를 조사했습니다. 84퍼센트가 '그렇다'고 답했습니다. 그런데 대부분 댄스·하키·스키·수영 등으로, 소중한 열정이지만 주로 취미 영역이었습니다. 직업 및 교육과 연결될 수 있는 항목은 전체의 4퍼센트에 불과했습니다. '좋아하는 일을 하면 부는 저절로 따라온다'는 열정론은 오히려 커리어에 혼란과 불안을 야기할 위험을 내포하고 있다는 게 밸러랜드가 발표한 보고서의 결론입니다.

그에 비해 뉴포트는 '맡은 일을 잘하고 오래 하면 만족도가 올라간다'고 결론 지었습니다. 그 예로 에이미 브제스니에프스키(Amy Wrzesniewski) 예일대학교 조직행동학과 교수의 연구를 들었습니다. 브제스니에프스키가 대학 행정보조 직원들을 조사했는데, 자기 일을 천직으로 여기는지를 알 수 있는 지표가 '근무연수'라는 결론을 얻었다는 겁니다. 즉, 어떤 일을 오래 하면서 자기 일을 사랑하게 된 사람이 많다는 것이고, 열정은 '제대로 일하면 얻을 수 있는 부산물'이라는 얘기입니다.

이를 바탕으로 뉴포트는 자기에게 맞는 일을 찾을 게 아니라 제대로 일하는 방법에 집중해야 하며, 그러기 위해서는 누구도 무시하지 못할 실력을 갖추는 게 우선이라고 말합니다. 사람들에게 필요한 것은 '세상이 나에게 무엇을 줄 수 있는가'를 따지는 열정 마인드셋(mindset)이 아니라, '내가 세상에 무엇을 줄 수 있는가'에 집중하는 장인(匠人) 마인드셋이라는 겁니다.

"장인 마인드셋은 명확한 답을 주지만 열정 마인드셋은 답하기 어려운 모호한 질문과도 같다. 훌륭한 커리어는 누가 거저 주는 게 아니다. 자신의 손으로 일궈내는 것이다."

열정을 좇는 것보다 중요한 것은 맡은 일을 제대로 해낼 수 있는 커리어 자산이라는 게 뉴포트의 결론입니다. 이 자산을 갖기 위해서는 '한계를 넘어서는 도전'과 '가혹하고 신랄한 피드백의 수용'이 필요합니다. 물론 그 과정은 순탄치 않겠지만 말입니다.

칼 뉴포트, 김준수 옮김, 《열정의 배신》(부키, 2019)

17

하루의 3분의 1을 제대로 쓰는 법

세계 육상 100미터 달리기의 슈퍼스타 우사인 볼트는 독보적인 경주력의 비결로 '낮잠'을 꼽습니다. 그는 세계 신기록을 세우거나 올림픽 결승전에서 금메달을 딴 날, 경기 몇 시간 전 빠짐없이 낮잠을 잤습니다. 낮잠을 자는 동안 12~14헤르츠의 주파수를 가진 뇌파(수면 방추)가 생겨 운동 기술 기억을 향상시키고, 근육 피로를 줄여주면서 활력을 샘솟게 해주는 효과를 누린 것입니다.

적절한 수면은 인간에게 놀라울 정도의 선물을 안겨줍니다. 밤에 잠을 푹 잤을 때 나타나는 검증된 효과는 너무나도 많습니다. 우선 기억력을 강화하고 창의력을 높여줍니다. 더 매력적으로 보이게도 하죠. 몸매를 날씬하게 유지하게 하고 식욕을 줄여줍니다. 암과 치매를 예방하며, 감기와 독감도 막아줍니다. 또 행복감을 높이고 우울하고 불안한 기분은 몰아냅니다.

세계적인 신경과학자이자 수면과학자인 매슈 워커(Matthew Walker)는 "우리는 잠이 얼마나 경이로운 만병통치약인지 깨닫지 못한 채 수면 줄이기 경쟁에 몰두하고 있다"고 경고합니다. 잠을 제대로 자면 많은 축복을 받지만, 소홀히 할 때는 끔찍한 보복을 각오해야 합니다. 충분한 수면을 취하지 못하면 먼저 우리 몸의 면역계가 손상됩니다. 암에 걸릴 위험은 두 배 증가하고, 몸에서 알츠하이머병과 당뇨병의 전조 증상이라고 할 수 있는 변화가 일어납니다. 심혈관 질환, 뇌졸중, 울혈성 심장 기능 상실도 생겨납니다. 무엇보다, 수면 시간이 짧아지면 수명도 짧아집니다.

안타깝게도, 인간은 일부러 자신의 수면을 줄이는 유일한 종입니다. 세계보건기구는 수면 부족을 선진국 전체의 유행병으로 선언하기도 했습니다. 미국 · 영국 · 한국 · 일본 등은 지난 세기 수면 시간이 가장 큰 폭으로 줄어들었으며, 잠이 부족할 때 생기는 몸의 질병과 마음의 질환에 시달리는 환자의 수가 가장 크게 증가한 나라들입니다.

수면 부족이 지속되면 본인의 건강은 물론이고, 업무 처리 과정에서도 잘못된 판단을 내려 일을 망치기 십상입니다. 잠을 거의 못잔 수련의들이 잘못된 진단을 내리거나 수술 도구를 배에 넣고 꿰매는 사고를 저지르는 데에는 다 이유가 있습니다. 미국에서 졸음 때문에 일어나는 교통사고만 한 해 120만 건에 이른다고 합니다.

미국 어딘가에서 30초마다 한 번꼴로 졸음으로 인한 자동차 사고가 일어난다는 얘깁니다. 워커는 말합니다.

"다행스럽게도 이 모든 것을 단번에 해결해줄 치료제가 있다. 하루 여덟 시간 이상의 충분한 잠은 비용이 전혀 들지 않는 자연 치료제이다."

워커는 잠을 충분히 자는 것은 '하루의 3분의 1을 완벽하게 활용하는 것'이라고 말합니다.

"숙면을 취하면 뇌가 과거와 현재의 지식을 융합해 창의성을 꽃피우도록 가상의 현실을 만들어내기도 한다. 하루의 3분의 1을 제대로 쓰는 것은 무엇보다도 인생의 남은 3분의 2를 가장 효율적이고 완벽하게 활용하는 방법이기도 하다."

매슈 워커, 이한음 옮김, 《우리는 왜 잠을 자야 할까》(열린책들, 2019)

18

스타 애널리스트들이 왜 몰락했나

하버드대학교 연구팀이 최고의 성과를 올린 투자 애널리스트 1,052명의 경력을 추적했습니다. 치열한 경쟁 속에서 좋은 성적을 낸 그들은 '슈퍼스타'라고 자부했습니다. 연구팀은 이들이 더 높은 연봉 등을 제안받고 다른 조직으로 떠난 이후 벌어진 상황에 주목했습니다. 놀랍게도, 이들 가운데 46퍼센트가 실패를 겪었습니다.

성공이 지능·성실함·용기 등 개인적인 특성에 따른 것이라면, 이 스타 애널리스트들은 새로운 환경에서도 좋은 성과를 이어나가야 했을 것입니다. 하지만 절반 가까이가 그렇지 못했습니다. 일시적인 현상이 아니었습니다. 상당수는 5년 뒤에도 회복하지 못했습니다. 자기를 빛나게 해준 동료들의 무리를 떠난 순간, 더는 슈퍼스타가 될 수 없었던 것입니다. '성공과 잠재력은 개인의 능력에 달려 있다'는 편견을 깨고 '관계'의 중요성을 일깨워주는 사례입니다.

하버드대학교에서 '행복학' 강의로 10년 연속 인기 강좌 1위를 차지한 심리학자 숀 아처(Shawn Achor) 교수는 '가장 잘 적응하는 사람이 아니라, 관계를 가장 잘 맺는 사람이 살아남는다'는 새로운 성공법칙을 제시합니다. 성공은 개인이 얼마나 창조적이고 똑똑하며 열정적인가에 달려 있지 않고, 자신을 둘러싼 환경과 어떤 관계를 맺고 어떤 기여를 하는가에 달려 있다는 것입니다.

"우리의 잠재력은 개인으로서 각자의 잠재력보다 훨씬 크다. 혼자서 더 빨리 달리려는 노력을 중단하고, 함께 더 강해지기 위한 노력으로 눈길을 돌려야 한다."

아처는 미국 재무부와 NASA(항공우주국), NFL(프로 풋볼 리그) 등 다양한 조직에서의 실험과 오프라 윈프리 등 성공한 전문가들과의 인터뷰를 바탕으로 잠재력을 극대화하는 다섯 가지 방법을 찾아냈습니다.

- 긍정적인 영향을 발휘하는 사람들이 주위를 둘러싸게 하기
- 동료들을 도움으로써 자신의 영향력을 확장하기
- 다른 사람들을 칭찬함으로써 자신의 위상도 함께 강화하기
- 회복탄력성(resilience)을 높여 나를 김빠지게 하는 주위의 부정적인 힘으로부터 방어하기

- 이렇게 해서 갖추게 된 잠재력이 선순환 궤도에 오르도록 유지하기

하버드 연구팀은 '직원의 소속감이나 이직률에 경제적 보상보다 칭찬의 횟수가 훨씬 더 큰 영향을 미친다'는 내용도 제시했습니다.

"한 직원이 한 분기에 세 차례 이상 칭찬을 받을 때 다음 평가에서 성과점수가 크게 상승한 것으로 드러났다. 한 분기에 네 번 이상 칭찬과 인정을 받을 때, 그 직원이 1년 뒤 같은 직장에 머물 가능성은 96퍼센트로 높아졌다."

손 아처, 박세연 옮김, 《빅 포텐셜》(청림출판, 2019)

19

내 '관계의 품격'은 몇 점인가?

세상에서 가장 힘든 일로 '인간관계'를 꼽는 사람이 많습니다. 의도하지 않았더라도 내가 한 말과 행동이 누군가의 마음에 상처를 줄 때가 있고, 오해에 오해가 거듭돼 오랜 친구를 잃기도 합니다. 사람사이의 관계는 '잘해봐야지'라는 마음이 앞선다고 해서 제대로 이뤄지는 게 아니어서 더욱 어렵다고들 말합니다. 복잡해지는 인간관계 속에서 깊이 있게 관계를 조절하는 방법은 없는 걸까요?

일본 최고의 심리 카운슬러인 오노코로 신페이(おのころ 心平)는 24년 동안 2만 4,000명에 달하는 의뢰인들의 삶을 분석해 이런 결론을 얻었습니다.

"건강한 관계의 열쇠는 사람 사이에 적당한 거리를 지키는 데 있다. 서로의 영역을 존중해줄 때 오히려 사람이 모인다."

관계의 품격을 올려야 복잡한 인간관계를 슬기롭게 풀어나갈 수 있다는 얘기입니다. 여기서 말하는 '품격'이란 대단한 것이 아닙니다. 무의식중에 한 실언, 늘 입에 달고 다니는 불만 가득한 말투, 설부른 마음에서 나오는 어설픈 친절 등 '일상 속 실수'의 빈도만 줄여도 됩니다. 그래야 '말과 행동에 깊이가 느껴지는 사람', '누구나 곁에 두고 싶어 하는 사람'이 될 수 있답니다. 가만히 있어도 인품이 느껴지는 사람, 불필요한 갈등을 일으키지 않는 사람, 적당한 예의를 아는 사람…. 이런 사람들이 주변에 있을 때 사람들은 자신의 품격도 함께 올라간다고 느낍니다.

표정, 말, 행동을 어떻게 하느냐에 따라 인생이 달라진다고 믿어야 더 적극적이고 긍정적으로 살아가게 됩니다. 평상시에 기분 좋은 표정을 하고 있으면 기분 좋은 일과 기분 좋은 사람이 다가올 것이고, 화난 표정을 하고 있으면 기분이 나빠지는 일과 사람들이 들이닥칠 것입니다. 오늘 무심코 지은 표정이 나의 관계를 바꾸고, 더 나아가 인생을 변화시킵니다. 이런 변화를 원한다면 먼저 자신에게 물어봐야 합니다.

"지금 나의 '관계의 품격'은 몇 점인가?"

오노코로 신페이, 유나현 옮김, 《관계의 품격》(비즈니스북스, 2018)

20

경쟁했다고 적이 돼야 하는 건 아니다

2018년 12월 5일 미국 워싱턴대성당에서 치러진 조지 부시 미국 제41대 대통령의 장례식은 고인에 대한 헌사뿐 아니라 유머도 가득했습니다. 고인의 자서전을 집필한 역사학자 존 미첨이 추도사에서 숨겨진 일화를 '폭로'하며 웃음이 시작됐습니다.

"선거 유세 때 한 백화점에서 많은 사람과 악수를 나누던 그가 마네킹과도 악수했다. (실수한 걸 알고) 잠시 얼굴을 붉히더니 '누가 누군지 어떻게 다 알겠어'라며 상황을 넘겼다."

세 번째 추도사를 한 앨런 심프슨 전 상원의원은 "고인은 고개를 뒤로 젖혀 실컷 웃고 나서는, 왜 웃었는지 핵심 포인트를 기억하지 못할 때가 많았다"라고 말해 장례식장을 다시 웃음바다로 만들었습니다. 미국 제43대 대통령을 지낸 장남 조지 W. 부시도 아버지를 '홍보는' 일에 동참했습니다. "아버지는 채소를 잘 먹지 못했는데, 특히 브로콜리를 싫어했다. 이 유전적 결함을 우리에게까지 물려줬다. (골프) 쇼트게임 실력이 형편없었고, 춤도 잘 추지 못했다."

정치인으로서 조지 부시의 일생은 행복하지만은 않았습니다. 연임에 도전했던 1992년 11월 대통령 선거에서 아들뻘 나이의 빌 클린턴에게 패해 4년 만에 백악관을 떠나야 했습니다. 제2차 세계대전 이후 연임에 실패한 대통령은 제럴드 포드와 지미 카터에 이어 그까지 단 세 명뿐입니다. 미국과 구소련 간 냉전을 종식시키는 등 많은 업적을 쌓았지만 국내 경제 사정 악화가 발목을 잡았습니다. 선거운동 기간 내내 번듯한 외모에 말재주와 쇼맨십까지 갖춘 클린턴에게 모독에 가까운 정치 공격을 받으면서 입은 상처도 적지 않았습니다.

고인의 진면목은 대통령에서 퇴임한 당일 드러났습니다. 미국 제42대 대통령 취임식을 마치고 백악관 집무실에 들어온 클린턴의 책상 위에 한 통의 손편지가 놓여 있었습니다. '빌에게'로 시작하는 그 편지에는 "부당하게 느껴지는 비판으로 힘들 때가 많겠지만, 그로 인해 용기를 잃는 일이 없기 바란다. 당신의 성공이 나라의 성공이므로, 당신을 굳건히 지지하겠다"라는 내용이 담겨 있었습니다. 이 편지로 인해 백악관에서는 전임자가 후임자에게 대통령직의 신성함을 일깨우며 성공을 기원하는 글을 남기는 전통이 확립

됐습니다.

부시 전 대통령 시절 백악관을 출입했던 기자들이 가장 많이 회고하는 어록이 있습니다.

"어떤 사람들을 상대로 경쟁했다고 해서 반드시 적이 돼야 하는 건 아니다. 정치가 인색하고 추잡할 필요는 없다."

이 글은 역사학자 존 미첨이 추도사에서 소개한 부시 전 대통령의 '인생 규범'과 잇닿아 있습니다.

"진실을 말하고, 남 탓을 하지 말라. 굳건하게 최선을 다하고 용서하라. 끝까지 완주하라."

21

'고독한 천재'는 없다

시몬 드 보부아르와 장 폴 사르트르, 폴 매카트니와 존 레넌, 워런 버핏과 찰리 멍거, 스티브 잡스와 스티브 워즈니악….

이들의 공통점은 무엇일까요? 다양한 분야에서 성취를 이뤄낸 한 쌍이라는 겁니다. 이들의 파트너십은 대담하고 탁월한 창조물이 천재적인 개인이 아니라 두 사람 사이에서 태어난다는 걸 보여줍니다. 한마디로, '창조성은 내 안에 있는 것이 아니라 나와 너 사이에 있다'고 정리할 수 있습니다.

고독한 천재들이 세상을 바꿔왔다고 생각한다면 엄청난 착각입니다. '고독한 천재'라는 신화는 계몽주의 시대에 출현해서, 낭만주의 시대에 대중화됐다는 게 심리학 분야 전문 저널리스트인 조슈아 울프 솅크((Joshua Wolf Shenk)의 진단입니다.

"대법원 판사에 대해 우리는 마치 그 판사가 판결문을 혼자 다 작성한 것처럼 말한다. 미켈란젤로가 시스티나 성당의 그림을 혼자서 그렸다는 것과 같다. 판사들 역시 미켈란젤로가 그랬던 것처럼, 한 무리의 동료 및 조수들과 일한다."

셍크는 창조성이란 특별한 한 사람의 내부에 숨어 있는 재능이 아니라, 한 사람이 다른 사람과 깊고 의미 있는 관계를 맺을 때 그 사이에서 발생하는 힘이라고 말합니다. 예컨대 발명왕 에디슨도 "천재는 1퍼센트의 영감과 99퍼센트의 땀으로 이뤄진다"고 말했죠. 이에 대해 셍크는 "과연 누구의 영감과 누구의 땀이라는 말인가"라고 묻습니다.

에디슨의 진짜 소질은 다른 사람들에게 명령하고 설득해서 자기 아이디어를 실천하게 하는 데 있었다는 겁니다. 에디슨은 수백 명의 직원과 소수의 신뢰할 만한 간부들이 뭔가를 만지작거리고, 검사하고, 개선할 수 있게끔 일종의 감독관, 선동가, 자극제 역할을 했을 뿐이라는 것입니다.

천재에만 집착하는 문화에서는 상호의존을 받아들이기가 어려워집니다. '고독한 천재'라는 신화를 넘어서기 위해 필요한 언어는 '연계'와 '파트너십'입니다. '1 더하기 1은 2'가 되는 게 아니라 무한대로 폭발한다는 사실에 눈을 떠야 합니다. 셍크는 우리에게 타격을 가해 균형을 잃게 하는 일을 가장 많이 하는 사람들이 우리 일을 가장 잘 돕는다고 말합니다.

"가장 작고 더 이상 나눌 수 없는 인간의 단위는 한 사람이 아니라 두 사람이다. 한 사람이란 허구에 불과하다."

조슈아 울프 솅크, 박중서 옮김, 《둘의 힘》(반비, 2018)

22

피카소와 샤넬이 버리고 나서 얻은 것

"자신을 찾기 위해 순례 여행을 하거나 명상을 할 필요가 없다. 자기 발견의 여정은 작은 서랍 하나를 정리하는 것으로 시작됐다."

미국의 정리 전문가 스테파니 베넷 포크트(Stephanie Bennet Vogt)가 한 말입니다.

"빨랫감과 각종 집기로 어질러진 방을 보면 한숨부터 나온다. '어떻게 치우지?' 하지만 헝클어진 책과 옷가지들을 하나둘씩 정리하고 서랍을 비우며 점차 깨끗해지는 방을 바라보면 마음이 한결 편해진다."

포크트는 우리 삶을 마비시키고 관점을 흐리게 하는 것은 집안에 수북이 쌓여 있는 물건들이 아니라, 그것들을 붙들고 있는 우리자신이라고 말합니다. 행복한 인생을 가로막고 있는 것은 주변의 잡동사니이며, 그 잡동사니에는 물건뿐 아니라 마음속 대상이나 생각도 포함된다고 하죠.

너절한 물건들을 정리하는 것은 내면의 집착을 내려놓는 출발점이랍니다. 부담스럽지 않은 작은 정리부터 시작하면 점차 마음속 스트레스와 고민까지 정리할 수 있다는 겁니다. '정리'란 거창한 게 아니라, 펜 하나를 찾기 위해 열어본 지저분한 작은 서랍 하나를 비우는 것에서부터 시작될 수 있습니다. 하나의 서랍을 비우고, 그 아래 서랍을 비우고, 책상 위와 책장의 묵은 잡지를 정리해나가면 됩니다. 그렇게 해서 방 안이 깨끗해지는 것처럼 작은 행동들이 모여 심리적으로도 큰 변화가 일어납니다. 이것이 바로 '나'를 발견하는 여행이라고 포크트는 이야기합니다.

그러면 무엇부터, 어떻게 버려야 할까요?

- 필요 없는 것은 내려놓는다.
- 충분함을 느낀다.
- 우선순위를 정한다.
- 한 걸음 뒤로 물러나 분리한다.
- '이것은 내 것이 아니다'라고 생각해본다.
- 잠깐 멈추고 돌아본다.

포크트는 정리가 더 많은 정리를 불러온다며, "용서도 정리다"

고 했습니다.

정리의 또 다른 예로 아이폰을 들 수 있습니다. 스티브 잡스가 창조한 혁신적 스마트폰인 아이폰은 휴대폰의 키패드를 없애는 데서 시작됐습니다. 키패드를 없애니 터치패드라는 새로운 입력 체계를 창조할 수 있게 된 것이죠. '파괴는 창조의 어머니'라는 기존 명제를 '삭제는 창조의 어머니'로 변형해 새로운 방정식을 도출해낸 셈입니다. 무에서 유를 만드는 게 아니라 유를 무로 만드는 과정에서 창조가 일어난 것입니다.

그렇게 보면 '삭제'가 인류의 삶과 예술, 비즈니스를 진보시킨 키워드였음을 새삼 깨닫게 됩니다. TV 철학 강의 프로그램으로 인문학 열풍을 이끌었던 김유열 PD는 저서 《딜리트》에서 이렇게 말합니다.

"피카소는 원근법을 버렸고, 샤넬은 장식을 걷어내고 치마를 잘랐다. 제임스 다이슨은 선풍기 날개를 없앴고, 태양의 서커스는 동물 쇼를 없앴다."

스테파니 베넷 포크트, 박미경 옮김, 《마음 정리 수업》(한국경제신문사, 2018년)
김유열, 《딜리트》(쌤앤파커스, 2018)

23

남들과 똑같이 일하고도
왜 인정받지 못하는 걸까

세계적인 투자가 워런 버핏은 이런 명언을 남겼습니다.

"평판을 쌓는 데는 20년이 걸리지만, 무너뜨리는 데는 5분이면 충분하다."

직장에서 벌어지는 예의 없는 행동 때문에 기업들이 지출하는 비용이 매년 3,000억 달러(약 340조 원)에 달한다는 조사 보고서도 있습니다.

'왜 남들과 똑같이 일하고도 인정받지 못하는 걸까?'

이런 고민을 하는 사람이 있다면, 자신의 평소 '태도'에서 해답을 찾아야 한다고 전문가들은 말합니다. 태도는 때때로 사실 자체보다 더 중요합니다. 우리는 항상 태도를 평가받고 있으며, 생각지도 못한 순간에 예상치도 못한 사람이 나를 판단하는 기준이 되기도 합니다. 그 때문에 한 번의 치명적인 실수가 지금까지 쌓아온 노력을 물거품으로 만들 수도 있습니다.

비즈니스 매너 컨설턴트 로잔 J. 토머스(Rosanne J. Thomas)는 이렇게 말합니다.

"예의는 어디에 기초하고 있을까. 시인이자 소설가인 마야 안젤루의 한마디, '나는 사람들이 상대방의 말과 행동을 잊어도, 그때의 기분을 절대 잊지 않는다는 사실을 배웠다'에 진실이 고스란히 담겨 있다."

퍼스널 브랜드는 자신이 누구인지, 중요하게 여기는 요소가 무엇인지에 따라 결정된다고 합니다. 아마존 CEO 제프 베조스는 '당신이 자리를 비웠을 때 사람들이 당신을 두고 하는 말'이라고 정의했습니다.

"당신의 퍼스널 브랜드는 당신의 존재 자체보다 중요하고, 당신이 떠난 뒤에도 오랫동안 자리에 남는다."

토머스는 모든 동료를 똑같이 존중하고 친절하게 대하며, 항상 긍정적인 표현을 사용하라고 주문합니다. '불가능'이나 '문제' 같은 단어는 머릿속에서 아예 지워버리고 칭찬과 격려, 축하, 사과를 아끼지 말라는 겁니다. 매사에 감사하고 긍정적인 모습을 보이고, 남들이 알아주지 않더라도 기꺼이 도움을 베풀 줄 알아야 한다고 강조합니다. 하지만 우리 일상에서는 그 반대의 모습을 보이는 사람들이 적지 않습니다.

"팔짱을 끼거나 구부정한 자세, 창밖을 응시하거나 눈을 굴리거나 찡그리거나 고개를 절레절레 흔드는 행동은 피해야 할 것들이다. '내가 이렇게 하면 상대방이 어떤 기분이 들까'라는 간단한 질문을 자신에게 던지는 것만으로 어떤 태도를 취해야 할지 답을 얻을 수 있다."

이렇게 함으로써 '태도 경쟁력'을 갖출 수 있다는 토머스의 말을 다시 한번 되새기게 됩니다.

로잔 토머스, 서유라 옮김, 《태도의 품격》(다산북스, 2018)

24

무례함의 비용

폭언과 '갑질'이 심각한 사회문제로 떠올랐습니다. 혐오와 차별, 비하 발언으로 갈등을 빚는 사례가 끊이지 않습니다. 막말과 '디스(disrespect)'가 하위문화를 넘어 대중적 코드로 소비되기에 이르렀습니다. '무례함의 전성시대'라는 말이 나올 정도입니다. 무례함의 배경에는 성공을 위해서라면 인정사정 따지지 말아야 한다는 성과지상주의 사고방식이 숨어 있습니다.

그런 통념은 기업을 병들게 해 발전을 가로막습니다. 크리스틴 포래스(Christine Porath) 미국 조지타운대학교 경영대학원 교수는 17개국 800명의 중간 관리자와 직원들을 대상으로 무례함에 관한 조사를 했습니다. 그 결과 빈정거림, 조롱, 폄하, 모욕 등의 무례함이 조직 내 인간관계를 저해하고, 궁극적으로 성과에 부정적 영향을 미친다는 사실을 확인했습니다.

"이런 다양한 무례함은 평균적으로 조직 실적을 66퍼센트 약화시키고 조직 헌신성을 78퍼센트 떨어뜨린다. 주목할 만한 것은 고객을 상대로 화풀이하는 비율이 25퍼센트 증가하게 된다는 점이다."

그에 반해 정중한 조직은 더 높은 성과를 낸다는 사실도 확인했습니다. 인간에게는 어딘가에 속하고 싶다는 기본적 욕구(affiliation: 소속감)가 있습니다. 정중한 행동은 단순한 격식이 아니라 사회와 조직의 일원으로서 존중받고 소중하게 대우받는다는 생각, 즉 소속감을 정립하는 문제와 직결됩니다. 구글, 마이크로소프트 등 창의적인 기업들이 정중함의 효용을 새롭게 인식하고, 이를 중요한 인사 관리 원칙으로 삼고자 하는 것도 이런 이유에서입니다.

"개인과 기업이 정중하고 진정성 있는 자세를 가지려면 정서적으로 건강해야 한다. 늘 무례함에 찌들어 있는 조직과 개인이 어떻게 주변 고객들에게 정서적으로 건강한 상태에서 정중함과 진정성을 보일 수 있을까."

포래스는 정중한 습관을 내면화하는 방법으로 미소 짓기, 배려, 경청하기와 함께 '내 안에 숨겨진 편견을 찾아내고 극복하기'를 제시합니다. 무례함은 대개 악의가 아니라 무지에서 비롯되기 때문이라는 것입니다. 한 예로 막말을 일삼던 어느 외과의사 이야기를 들려주었습니다. 그 의사는 정식으로 항의를 받기 전까지만 해도 레지던트와 간호사, 직원들이 자신의 거칠고 직설적인 스타일을 좋아하지 않는다는 사실을 꿈에도 몰랐다고 합니다.

'품위의 정치인'으로 회자되는 조지 워싱턴 미국 초대 대통령은 '110가지 예절의 법칙'을 수첩에 옮겨 적은 뒤 평생 실천하며 살았다고 합니다. 몇 가지를 소개합니다.

- 상대방이 적일지라도, 그의 불행을 즐거워하는 모습을 보여서는 안 된다.
- 앉아 있을 때 누군가가 말을 걸기 위해 다가온다면 그가 아랫사람이라도 일어나서 맞으라.
- 농담이건 진담이건 해로운 말을 하지 말라. 남을 조롱해서는 안 된다.
- 누군가를 헐뜯는 소문을 성급하게 믿지 말라.
- 남을 험담하는 사람 가까이에 가지 말라.

크리스틴 포래스, 정태영 옮김, 《무례함의 비용》(흐름출판, 2018)

25

성격 급한 사람이 누리는 축복

'성격 급한 사람이 술값 먼저 낸다'라는 말이 있습니다. 성격이 급하면 판단을 그르치기 쉽고, 내키는 대로 하다가 일을 망치기 십상이라는 인상을 줍니다. 현실은 정반대입니다. 성격이 급한 사람이 그렇지 않은 사람보다 성공할 확률이 압도적으로 높다고 합니다.

일본의 머니 카운슬러 다구치 도모타카(田口智隆)는 이를 실제로 증명하는 분석 결과를 내놓았습니다. 일본 전역을 돌며 '부자 되는 법'을 전파하고 있는 다구치는 지금까지 3,000여 명의 부자를 만나 본 결과, 지속적으로 자산을 축적하는 진짜 부자들은 대체로 성격이 급하다는 결론을 내렸습니다. 성격이 급하기 때문에 세상의 변화를 금세 따라잡고, 모든 것을 즉석에서 판단해 즉각 행동에 옮기며, 예기치 못한 사태에 빠르게 대응하고, 추세를 미리 읽어서 미래를 효과적으로 대비한다는 것입니다.

그는 이런 관찰 결과를 바탕으로 《성격 급한 부자들》에서 현명한 부자들이 절대 하지 않는 36가지 행동을 정리했습니다. 성공하는 사람들은 인생이 길다고 생각하지 않으며, 인생은 짧고 눈 깜짝할 사이에 흘러간다고 믿는다고 합니다. 그렇기에 뭔가를 해보고싶다는 생각이 들면 미적거리면서 다음으로 미루지 않는다는 것입니다. 스페인 작가 발타자르 그라시안(Baltasar Gracian)이 남긴 "지혜로운 사람은 우둔한 사람이 가장 나중에 하는 일을 즉시 해치운다"는 명언과 같은 맥락입니다. '어차피 해야 하는 일을 미적거려서 뭐가 남겠는가'라고 생각하는 것이 성격 급한 사람들의 큰 장점입니다.

또한 성공한 사람들은 일상적인 일에 시간을 들이지 않는다고합니다. 즉 소소한 것에 고민하는 법이 없다는 겁니다. 일상의 장소에서는 마치 정해져 있기라도 하듯 속전속결로 결정해버립니다. 식당에 가면 뭘 먹을지, 뭘 마실지 망설이는 법이 없는데 그것을별로 중요한 것으로 생각하지 않기 때문이라고 합니다.

미국의 정치가이자 과학자였던 벤저민 프랭클린도 이런 말을 남겼죠.

"사람은 망설이지만, 시간은 망설이지 않는다. 잃어버린 시간은되돌아오지 않는다."

다구치는 이처럼 다양한 관찰을 바탕으로, 성공하려면 볼 때마다 새로운 사람이 돼야 한다고 강조합니다. 한동안 변하지 않았다면 이것은 긍정의 신호가 아니라 부정의 신호일 수 있다는 겁니다. 같은 무대에서 몇 년째 제자리걸음을 하고 있을 가능성이 있기 때문입니다.

어떻게 해야 '볼 때마다 새로운 사람'이 될 수 있을까요?

"성공한 사람들은 100퍼센트를 목표로 하지 않고, 직선의 인생을 걷지 않고, 과거와 미래에 얽매이지 않으며, 막연한 상상을 구체적인 행동으로 옮기고, 나의 일과 남의 일을 구분하지 않으며, 성격만 보고 사람을 선택하지 않고, 트렌드를 읽되 따르지 않으며, 다음에 볼 기회를 생각하지 않는다."

다구치 도모타카, 김윤수 옮김, 《성격 급한 부자들》(포레스트북스, 2018)

26

옵션 A의 삶, 옵션 B의 삶

2016년 5월, 셰릴 샌드버그 페이스북 COO(최고운영책임자)가 UC버클리대학교 졸업식에서 축사를 했습니다.

"세상을 살아가면서 상실과 역경은 피할 수 없습니다. 당신의 근간을 뒤흔드는 도전이야말로 당신이 진정 누구인가를 증명케 할 것입니다. 성취뿐만 아니라, 어떻게 극복했느냐가 당신을 규정할 것입니다."

샌드버그가 버클리 졸업생들에게 이런 조언을 한 데에는 아픈 사연이 있습니다. 미국 재계를 이끄는 비즈니스 리더이자 남편의 사랑과 지원을 아낌없이 받는 아내로 살아가던 어느 날, 휴양지에서 남편이 심장부정맥으로 갑자기 세상을 떠났습니다.

"오장육부가 뒤틀리는 고통이 몰려왔다. 거대한 공허가 가슴과

폐에 가득 차 생각할 수도, 숨을 쉴 수도 없었다. 무엇보다도 일곱 살, 열 살에 불과한 어린아이들이 평생 상처를 안고 살아가게 될까 봐 극도의 불안에 떨어야 했다."

이 고통을 극복하도록 도와준 사람이 부부의 친구였던 애덤 그랜트(Adam Grant) 와튼스쿨 조직심리학과 교수였습니다. 그랜트는 슬픔의 과정은 어쩔 수 없이 거쳐야 하는 것이지만, 공허는 개인의 신념과 행동으로 얼마든지 신속하게 극복할 수 있다고 조언했습니다. 고통을 견디는 능력, 회복탄력성은 양이 정해져 있지 않으며, 타고나는 것이 아니라 근육처럼 후천적으로 노력과 연습을 통해 키울 수 있다고 말입니다.

그랜트는 샌드버그에게 충격에서 회복되는 걸 넘어 오히려 한 단계 더 성장하는 '외상 후 성장' 방법도 일러주었습니다.

"당신이 처한 상황을 긍정적으로 보려고만 하지 말고, 더 나빠질 수 있었다고 생각해보라. 예를 들어 남편이 아이들을 차에 태우고 운전하다가 심장부정맥을 일으킬 수도 있었다. 그랬다면 어떻게 됐을까."

그 순간 샌드버그는 아이들이 살아 있다는 사실에 미치도록 감사하게 됐다고 합니다. 남편의 죽음 이후로 삶에 더욱 깊이 감사하게 된 것이야말로, 자신이 경험한 인생 최대의 아이러니라고 말했습니다.

샌드버그는 이런 경험을 바탕으로 비영리 조직인 OPTIONB.

ORG를 설립했습니다. 역경에 맞서 삶의 의미를 찾고 회복탄력성을 기르려는 사람들을 돕기 위해서입니다.

"우리는 우리가 원하는 최선의 삶인 '옵션 A의 삶'에 대해서는 관심을 갖지만, 상실과 역경으로 인해 맞닥뜨리는 차선의 삶, 즉 '옵션 B의 삶'을 살아가는 법에 대해서는 좀처럼 생각하고 배울 기회를 갖지 못한다."

샌드버그의 이런 통찰은 '슬픔을 대하는 미국인들의 문화를 바꿀 성찰'이라는 극찬을 받았습니다.

세릴 샌드버그 · 애덤 그랜트, 안기순 옮김, 《옵션 B》(와이즈베리, 2017)

27

인생에서 가장 중요한 질문들

아인슈타인과 프로이트는 자신에게 이런 질문을 던졌습니다.

'뉴턴의 물리학을 넘어서는 나만의 물리학은 무엇인가?'(아인슈타인)

'무엇이 인간의 마음을 지배하는가?'(프로이트)

질문에 대한 답을 찾아가는 과정에서 아인슈타인은 상대성 이론을, 프로이트는 무의식과 정신분석의 세계를 탄생시켰습니다.

"질문이 정답보다 중요하다."

아인슈타인이 남긴 말입니다. 그의 또 다른 어록도 있죠.

"나에게 문제 해결을 위해 한 시간이 주어진다면, 55분은 적절한 질문을 고르는 데 쓰겠다."

제임스 E. 라이언(James E. Ryan) 하버드대학교 교육대학원 원장은 2016년 졸업식에서 '인생에서 가장 중요한 질문들'을 주제로 축사를 했습니다. 그의 축사 동영상은 소셜미디어에서 큰 화제가 되며 1,000만 뷰가 넘는 조회 수를 기록했습니다. '삶에서 가장 중요한 질문이자 인생을 변화시키는 다섯 가지 질문'이 무엇인지 알고 싶어 하는 사람이 그토록 많았던 것이지요.

첫 번째 질문은 '잠깐만요, 뭐라고요?(Wait, what?)'라는 반문입니다. '잠깐만요'는 내가 이 문제를 정말 이해하고 있는지 확인하는 시간을 벌어줍니다. 성급한 결론이나 경솔한 판단을 막는 방법이기도 합니다. '뭐라고요?'라고 다시 질문함으로써 상대방을 이해하고 소통하는 길을 열게 됩니다.

두 번째는 '나는 궁금한데요?(I wonder…?)'입니다. 호기심을 유도해 발견과 통찰을 이끄는 질문입니다.

세 번째는 실패가 두려워 시도조차 할 엄두가 안 날 때 '우리가 적어도 …할 수 있지 않을까?(Couldn't we at least …?)'라는 질문을 해볼 필요가 있답니다. 라이언은 누구나 한 것보다 하지 않은 것을 더 후회하기 때문이라고 밝혔습니다. 의견 충돌이 일어날 때도 '우리가 적어도 이 점은 동의할 수 있지 않을까요?'라는 질문을 통해 불일치 범위를 축소할 수 있다고 말합니다.

네 번째는 '내가 어떻게 도울까요?(How can I help?)'입니다. 이 질문은 좋은 관계를 형성하는 데 도움이 된답니다. 상대를 아끼고 존중한다는 메시지이자 당신을 도와줄 의도가 넘친다는 것을 알리는 신호이기 때문이라는 것입니다. 어떻게 도울지 묻는 것은 누군가를 돕기 전에 겸손하게 방향에 관해 묻는 것이기도 합니다. 때로는 그런 질문 자체에서 이미 상대는 도움을 얻기도 합니다.

다섯 번째는 '무엇이 가장 중요한가?(What truly matters?)'입니다. '내가 왜 이 일을 하는가', '이것이 내가 진정 원하는 삶인가' 등의 질문을 자신에게 종종 던져보라는 것입니다. 이를 통해 문제의 원인을 밝힐 뿐 아니라 우리가 원하는 삶의 핵심에 집중할 수 있게 된답니다.

좋은 질문은 마치 딱 들어맞는 열쇠처럼, 우리의 꽁꽁 닫힌 마음을 열어 감춰져 있던 것을 내보이게 해줍니다.

제임스 라이언, 노지양 옮김, 《하버드 마지막 강의》(비즈니스북스, 2017)

'성공한 리더'가 되는 것은 많은 이들의 꿈입니다. 이왕이면 큰 조직의 리더로 역할을 해낼 수 있다면 더 멋질 것입니다. 그런데 생각해볼 게 있습니다. '리더'란 무엇일까요. 꼭 '조직'을 맡아야만 리더일까요? 조직을 이루는 기본단위는 각 개인입니다. 1인이 팀을 이루는 경우도 있습니다. 4차 산업혁명이 불붙고 있는 요즘 뜨는 트렌드 가운데 하나가 '1인 기업'이기도 합니다. 어떤 경우이건 자기 자신을 끌고 나가는 주체라는 점에서 우리는 누구나 '리더'입니다. 이 책은 그런 관점에서 '리더'와 '리더십'을 성찰했습니다.

세상을 살아가면서 알게 모르게 쌓이는 게 '빚'입니다. 우리가 먹고, 일하고, 쉬고, 즐길 수 있는 것은 모두 누군가의 수고 덕분입니다. 그뿐만이 아닙니다. 지금 내가 하는 일이 다른 누군가가 맡으면 더 잘해낼 일일 수도 있습니다. 그 누군가에게 지금 이 순간에도 빚을 지고 살아가는 게 우리 인생입니다.